国际石油公司
能源转型研究

刘向东　著

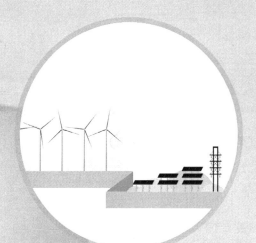

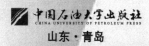
中国石油大学出版社
CHINA UNIVERSITY OF PETROLEUM PRESS

山东·青岛

图书在版编目(CIP)数据

国际石油公司能源转型研究 / 刘向东著 . -- 青岛：
中国石油大学出版社,2024. 12. -- ISBN 978-7-5636
-8492-2

Ⅰ. F416.22

中国国家版本馆 CIP 数据核字第 202403HB25 号

书　　名:国际石油公司能源转型研究
　　　　　GUOJI SHIYOU GONGSI NENGYUAN ZHUANXING YANJIU
著　　者:刘向东

策划统筹:岳为超(电话　0532-86981532)
责任编辑:吕华华　董　然(电话　0532-86981536)
责任校对:付晓云(电话　0532-86981980)
封面设计:孙晓娟(电话　0532-86981529)

出 版 者:中国石油大学出版社
　　　　　(地址:山东省青岛市黄岛区长江西路 66 号　邮编:266580)
网　　址:http://cbs.upc.edu.cn
电子邮箱:shiyoujiaoyu@126.com
排 版 者:青岛友一广告传媒有限公司
印 刷 者:青岛博优文化传媒有限公司
发 行 者:中国石油大学出版社(电话　0532-86983437)
开　　本:710 mm × 1 000 mm　1/16
印　　张:10
字　　数:155 千字
版 印 次:2024 年 12 月第 1 版　2024 年 12 月第 1 次印刷
书　　号:ISBN 978-7-5636-8492-2
定　　价:60.00 元

前 言 ////////////

当今世界,能源安全与低碳转型已经成为全球关注的焦点。随着经济全球化的不断深入,国际石油公司在推动能源转型和实现可持续发展方面扮演着至关重要的角色。能源领域向低碳发展的转型正在加速演进,给油气行业带来了深刻的影响和巨大的冲击。各个国家或地区也在风起潮涌的市场波动中更加充分地意识到能源转型在政治、经济、环境和安全等方面的重要性,纷纷调整国家能源战略和低碳发展政策。

面对全球能源格局的深刻变化,基于自身发展需求,我国石油公司必须完整、准确、全面地贯彻新发展理念,深入践行"四个革命、一个合作"的能源安全战略,切实起到保障国家能源安全的积极作用。剖析国际石油公司能源转型的道路、举措和成效,以及在与国际石油公司在全球能源平台上的竞争和合作中,把握能源安全和能源转型的新阶段、新格局、新趋势,可以为海外能源业务高质量发展蓄势赋能。

本书主要回顾了埃克森美孚、雪佛龙、碧辟、道达尔能源和壳牌等国际石油公司的发展历程,分析了它们的全球资产组合以及公司发展的重点和优势。这些公司作为全球能源市场供给和油气投资驱动的主体,其战略布局和业务调整对全球能源格局产生了深远影响。

在深入研究上述典型国际石油公司发展历程和资产布局的基础上,本书进一步阐述了国际石油公司在能源转型方面的路径选择、实施情况、转型成效以及面临的挑战,并针对典型油气资源国低碳发展的宏观政策和典型油气资源国的石油公司区域低碳发展策略进行了细化分析。

此外,在形势研判与案例剖析的基础上,本书进一步明确了上述国际石油公司对我国石油公司能源转型的借鉴意义,并结合国家能源安全与双碳工作相关部署和要求,提出了集约化提质、一体化协同、结构化减碳的"三化"思路和相关保障措施,系统性地回答了我国石油公司如何在转型背景下保持油气资源的重要地位、如何实现海外油气业务可持续高质量发展的关键问题。

通过本书深入浅出的论述,我们期望能够为中国乃至全球的能源转型提供有益的启示,为实现绿色、低碳、可持续的能源未来贡献智慧和力量,为推动高质量共建"一带一路"和构建人类命运共同体而不懈努力。

著　者

2024 年 10 月

目 录 //////////

第一章
国际石油公司发展历程和资产组合

在石油和天然气行业发展的历史长河中,不同国家、不同背景、不同规模体量的石油公司灿如星河。其中,埃克森美孚、雪佛龙、碧辟、道达尔能源和壳牌等公司以其卓越的全球影响力和行业领导地位而著称。这些公司不仅在规模和市场份额上占据优势,还在其长期发展历程中走出了富有特色的发展道路,形成了符合自身发展诉求的全球资产组合,凸显了其独特的发展重点和优势。

长期以来,这些公司都在努力适应全球能源市场的变化,以实现长期可持续发展。这些公司在发展历程中展现出一些共同点,即对全球化的资产布局、对技术创新的重视以及聚焦自身优势的发展战略。同时,它们在资产组合的地理分布、业务重点和发展路径上也存在着许多差异。细化、深入、了解上述典型公司的发展脉络可给予石油行业从业者更多历史性、全局性的视角,有助于更全面地理解行业的过去、现在与未来。

一、埃克森美孚(XOM)

(一)发展历程

在过去的二十多年里,埃克森美孚公司一直采取"以油气为主业,聚焦非常规、深水、LNG[Liqufied Natural Gas(液化天然气)]"的油气业务发展战略,实现了公司规模及效益的稳定增长。

埃克森美孚是一家集石油勘探开发、炼油和石油化工为一体的综合性跨国公司,其前身分别为埃克森和美孚,于 1999 年合并重组。公司历史最早可追溯到 1870 年洛克菲勒创建的标准石油公司。截至 2024 年,公司的发展历程可分为石油垄断时期、扩张整合时期、组合优化时期三个阶段。

1. 石油垄断时期(1870—1910 年)

19 世纪 60 年代,在世界石油产业发展正处于萌芽之时,美国商人洛克菲勒通过成功经营炼油厂迅速积累了大量的原始资金,并于 1870 年创立了标准石油公司,此后通过严格控制成本、标准化管理、持续进行兼并的战略,使公司规模迅速扩大。1882 年,洛克菲勒及其合伙人通过签署《标准石油托拉斯协定》逐步确立了公司在石油行业下游的垄断地位。至 1895 年,标准石油公司已经控制了 80%以上的世界石油市场份额。

2. 扩张整合时期(1911—1999 年)

20 世纪初,各行业托拉斯(垄断组织的高级形式之一)的数量快速增长,美国社会兴起了反托拉斯浪潮。1911 年,标准石油公司在最高法院判决下被迫解散为新泽西标准石油公司、纽约标准石油公司等 34 家公司。解散后的新泽西标准石油公司和纽约标准石油公司分别迅速实施上下游一体化经营策略,在下游强项的基础上向油气业务进军,重点围绕中东、委内瑞拉、墨西哥、哥伦比亚和印度尼西亚等的石油资源进行开采。

20 世纪 60 年代至 20 世纪 70 年代,随着欧佩克成员国石油工业国有化的完成,"七姐妹"(埃克森、美孚、碧辟、壳牌、雪佛龙、德士古、海湾石油七家跨国石油巨头)体系瓦解,新泽西标准石油公司和纽约标准石油公司也分别在此阶段更名为埃克森公司和美孚公司。

20 世纪 80 年代,资本主义世界陷入新一轮的经济衰退,国际油价大幅下跌,埃克森和美孚公司选择性收缩下游,但保持"扩大储量规模"的油气业务战略不变。

20 世纪 90 年代,世界范围内加强环境保护的呼声越来越高,两家公司的业务开始向天然气倾斜,并且都加强了对北美和荷兰天然气储量的控制。在此时期苏联解体,两家公司利用这一时机,进入了中亚及远东地区的油气业务开发市场。20 世纪 90 年代后期,亚洲金融危机爆发,油价直线下跌,引发了跨世纪的石油企业兼并潮。作为这场浪潮的重要主角,埃克森和美孚两大巨头于 1999 年 12 月 1 日合并为埃克森美孚公司。

3. 组合优化时期(2000 年至今)

2000 年以后,面对全球炼油能力进一步扩张、炼油毛利率下降且波动较大的经营环境,埃克森美孚公司将业务的重点放在了油气业务板块上,并对油气业务资产进行了有针对性的组合优化:一是大力发展本土非常规油气,二是将常规油气转向深水油气,三是加强全球 LNG 的开发。通过具有前瞻性的资产组合优化并精准把握并购和处置交易的时机,埃克森美孚公司扩大了公司规模,实现了效益的增长。

(二)资产组合

埃克森美孚公司资产组合紧随油价趋势且利用"反周期"操作,精准把握资产并购和处置交易时机,使资源类型和核心区域的集中度日益升高,"控规模、强核心、提效益"的发展思路更加明确。

1. 油气业务资产的地域分布

埃克森美孚公司目前可采储量约为 362.4 亿桶油当量,主要分布于北美洲(55.2%)、中东(16.7%)、拉丁美洲(11.4%)和大洋洲(8.6%)四个区域。其中以二叠纪盆地为主的美国本土储量占总额的 34.6%,是其油气业务储量的绝对核心。此外,非洲(5.6%)、俄罗斯与加勒比海(4.9%)等占据较小比例。

2. 油气业务资产的类型结构

从埃克森美孚公司的可采储量类型上看,常规油气(51.3%)与非常规油气(48.7%)占比基本相当。常规油气储量以浅水油气(16.3%)、LNG(16.2%)和深水油气(11.9%)为主体,陆上油气(6%)占据较小比例。非常规油气储量中,以页岩油(29.3%)和油砂(14.9%)为主体,其他非常规油气合计仅占比4.5%。

3. 交易时机特征分析

埃克森美孚公司在交易时机的把握上,紧随油价趋势,并利用"反周期"

策略,在低油价时期强化并购,在高油价时期主动处置,有效地实现了资产组合的持续优化。

埃克森美孚公司在低油价时期强化并购主动性,自 2000 年以来,累计并购资产总额约 632 亿美元。在高油价时期,公司能够在行业并购热潮中保持冷静,通过约束并购交易做到主动防范风险。2010 年,金融危机处于复苏阶段,油价也开始上涨,埃克森美孚以 410 亿美元的价格收购了 XTO Energy。2011 年后,随着油价快速上涨,公司的并购规模显著减少。从并购交易时机上看,每次油价大幅下跌后止跌反弹的第 2 年,往往是埃克森美孚公司选择大额并购买入的时机,该时机的并购额占总量的 80.4%。

在油价处于高位时,埃克森美孚会主动进行资产处置,通过出售资产来锁定利润;而在油价处于低位时,公司便会减缓或推迟处置,避免在市场不利时卖出资产。在资产处置的执行过程中,埃克森美孚公司会根据油价波动,灵活地掌控交易节奏。2019 年,埃克森美孚公司公布了中期资产处置方案,计划于 2021 年前完成 150 亿美元、2025 年前完成 250 亿美元的资产处置。由于 2019 年底油价大幅下跌,处置进度于 2020 年被暂停;2021 年初,油价重返60 美元 / 桶后,资产处置被再度重启。

4. 区域类型特征分析

埃克森美孚公司在并购交易方面以北美非常规油气为核心,在勘探投资方面以拉丁美洲深水油气为核心,在资产处置方面以欧洲浅水常规油气为核心,这不仅实现了资产区域分布集中度的提升,还借助区域及类型上的技术优势,实现了资产盈利能力的提升。

北美并购为交易核心。公司油气业务重心回归至北美洲在其油气业务资产区域布局中的核心地位,其区域可采储量在全球占比为 55.2%,区域当前产量在全球占比为 44.2%。自 2008 年以来,公司油气业务重心为"美国本土化回归战略",这一重心始于 21 世纪第一轮油价巨幅下跌之后。在这一时期,公司完成了美国本土油气业务的并购,交易额为 502.4 亿美元,占其全球油气业务并购总额的 80%。同期,公司在美国本土油气业务资产处置总额为 35.1 亿美元,占其全球处置总额的 18%。从交易资产类型上看,并购的

94.3%为页岩油资产,处置的71.8%为常规油气资产。通过针对性的并购和处置工作,公司逐步建立起以页岩油为主体的非常规发展方向,这得益于该类型资产投资回收期短、策略调整灵活的特点。此外,美国本土非常规资产在公司产量结构中扮演着具有快速突击反应能力的主力军角色。

拉美勘探开发是投资核心。拉丁美洲是公司目前油气业务勘探的中心区域。公司"拉丁美洲勘探中心战略"始于2015年圭亚那Stabroek区块勘探的成功发现。此后随着该区块勘探成功以及Liza-1项目的投产,公司对该区域的勘探信心进一步增强。当前,公司在拉丁美洲的勘探重点区域除包括圭亚那Stabroek区块外,还包括巴西的Campos和Santos盆地,以及规划勘探重点区域圭亚那的Canje和Kaieteur区块等。通过区域勘探的持续深入和分阶段开发建设,10年后,拉丁美洲的产量占比将从目前的1.5%发展为16.0%,这在其公司产量规划中代表着未来增长具有一定的潜力。

欧洲资产为处置核心。2019年,公司提出通过5年的时间达到总额为250亿美元的资产处置方案。从该计划的提出到2022年上半年,共完成了96.3亿美元的资产处置,其中欧洲地区资产处置额为65.6亿美元,占该阶段处置总额的68.1%,因此欧洲占据了公司当前资产处置的核心地位。公司在欧洲地区以20世纪的历史资产为主,多数已进入中后期阶段,资产盈利能力不足,在资产组合中处于边缘位置。近年来,在全球"碳中和"背景的影响下,欧洲地区逐渐发展为降碳减排的先锋阵地,公司对该地区的资产处置工作也同步加速:2019年,公司将在挪威的油气业务以45亿美元的价格出售给了瓦雷能源;2021年,公司将在英国的大部分非作业者资产以10亿美元的价格出售给了新奥能源;2022年,公司借助罗马尼亚《离岸法》修改条款的利好,将海王星深海以10.6亿美元的价格出售给了罗姆加斯。

(三)发展重点和优势

埃克森美孚公司根据行业发展趋势、政治局势、能源价格的变化主动谋划发展战略,大胆地进行一系列中长线的战略布局。

1. 非常规油气战略布局

埃克森美孚公司在第一次页岩革命起始阶段,就制定了非常规发展战略,通过对页岩油资产的并购以及页岩气资产的处置,不断优化北美非常规资产组合,逐步奠定了公司在美国本土非常规油气开发的龙头地位。第一次页岩革命是从 2005 年到 2014 年,北美页岩油气实现了爆炸式增长。在 21 世纪最初几年,公司的全球化战略尚未收拢,投资重点还维持在中东和欧洲等地,在非常规油气方面并没有资源和技术上的积累。2008 年金融危机后,公司预见到美国二叠纪盆地的页岩油气开发具有良好前景,并制定了非常规油气发展战略,最终决定通过收购一家拥有现有页岩资产、领先页岩油气开发技术和强大管理团队的公司,进军本土页岩油气开发领域。2009 年,国际油价从谷底开始稳步上升,公司于同年 12 月以 411 亿美元的价格收购了美国页岩油生产商克洛斯提柏石油公司,成功打入了非常规油气领域。至 2015 年,公司陆续收购了超过 90 亿美元的页岩油资产。

2014 年,油价暴跌引发了以"革命性降低开发成本、技术驱动规模化开发"为主题的第二次页岩革命。在此后的 6 年时间里,北美天然气价格长期处于低位,包括切萨皮克等上百家非常规油气公司申请破产,其中重要原因之一是天然气业务占比过大。2019 年,埃克森美孚公司提出了 250 亿美元资产处置计划,部分页岩气资产也被列入清单。2021 年,亨利枢纽天然气公司天然气价格历经 6 年重返 5 美元 / 百万英制热单位(1 英制热单位 = 1 055 焦),埃克森美孚公司借机处置了 2 亿美元页岩气资产。2022 年上半年,公司再次完成了 7.5 亿美元页岩气资产的处置。

2. 深水油气战略布局

埃克森美孚公司凭借在深水油气勘探开发领域超过 50 年的技术经验积累,持续引领全球深水油气重大发现和行业发展。近 10 年来,公司以勘探方向为主、并购方向为辅推动深水战略的实施,确立了以圭亚那和巴西为代表的西大西洋深水区核心发展思路。

2009 年,埃克森美孚公司获得了圭亚那海上深水风险勘探区块——Stabroek 区块 100% 的权益。然而,在 Stabroek 周边区块钻井结果不利、股权不断变化、部分合作伙伴进出的情况下,在赫斯和中海油分别购买了 30% 和 25% 的权益后,埃克森美孚公司仍持股 45%,并担任作业者。之后,公司经充分研究,在 2015 年 5 月宣布 Liza-1 井获得第一个油气发现。之后陆续获得 Payara、Snoek 和 Liza Deep 等超 30 个油气田,可采储量超过 110 亿桶油当量。

2013 年,在巴西盐上第 11 轮招标中,埃克森美孚公司首次通过竞标获得了两个深水作业区块。2017 年至 2019 年期间,由于圭亚那深水领域勘探成功提升了信心,埃克森美孚公司大举进入巴西深水领域,在第 14 至 16 轮盐上区块和第 2 至 5 轮盐下区块招标中,共获得了 20 余个勘探区块。在过去 10 年的时间里,埃克森美孚通过竞标和并购在巴西总计获得了 30 个深水勘探区块,面积达 1.65 万平方千米,充分体现了其对巴西深水油气勘探潜力的信心和加大深水油气勘探战略发展方向的决心。

3. 全球 LNG 战略布局

埃克森美孚公司深耕 LNG 领域 50 余年,根据全球地区经济发展格局,划分为北美、亚洲、欧洲三个主要市场区域,并根据每个市场区域的 LNG 需求择机布局相应的生产基地。2006 年,公司提出了"提早布局、全面覆盖、坚定推进"的全球 LNG 发展战略,并开始积极调整油气业务板块结构。

2009 年,埃克森美孚公司结合非常规战略布局,收购了美国页岩油生产商——克洛斯提柏石油公司,从而形成针对本土及欧洲市场的美国非常规天然气与墨西哥湾 Golden Pass LNG 相结合的北美天然气生产基地。2014 年后半期,国际能源价格大幅下跌,业界对 LNG 市场的态度从乐观期待转向悲观质疑,部分油气业务公司遭遇资金运转困难的问题,而埃克森美孚公司依旧坚定对亚洲 LNG 市场的信心,瞄准时机于 2016 年以 24 亿美元的价格成功收购了巴布新几内亚重要气田 Elk-Antelope 的所有者——因特奥能源公司,从而拓展了亚洲生产基地为卡塔尔—巴布新几内亚—澳大利亚的立体格局。2017 年,埃克森美孚公司以 28 亿美元的价格收购了埃尼公司持有的莫桑比克 4 区块 25% 的权益,进而形成了针对欧洲及亚洲市场的莫桑比克—坦桑尼亚非洲 LNG 生产基地。

4. 能源转型战略特点

与欧洲石油公司相比,埃克森美孚公司在能源转型方面的表现较为"保守",选择了"单轨"式转型路径,即坚定发展油气业务,通过碳捕集与封存

(CCS)等技术的不断突破和规模化、商业化应用,实现传统业务的"去碳化";并通过传统油气业务创造良好的现金流,为降碳新技术的研究、应用及推广提供坚实的基础。

2022年1月,埃克森美孚公司在《推进气候解决方案2022进展报告》中宣布,到2050年实现运营资产净零碳排放。从减排范围上看,埃克森美孚最新的减排目标仅限于来自其运营资产的排放,不包括来自燃烧其销售燃料的排放,即范围3。而根据报告发布的数据显示,在其2020年碳排放结构中,范围1(直接排放,即公司自身生产过程中产生的碳排放)和范围2(间接排放,即公司买来的原材料在产生过程中的碳排放)仅占15%,而85%来自范围3(价值链排放,即燃烧销售燃料产生的碳排放)。埃克森美孚公司认为,随着世界经济特别是新兴国家的经济复苏,全球能源需求在未来20年里还将持续增长,油气业务仍将在公司业务中占据重要比重。从油气业务各板块上看,2020年公司运营资产的碳排放(范围1和范围2)中,油气业务板块碳排放占比45%,中下游板块碳排放占比55%,其中炼油板块碳排放占比35%,化工板块碳排放占比20%。

对于油气业务板块,埃克森美孚公司的降碳策略主要围绕控制油气业务投资、聚焦核心区域、加强技术创新等方面开展。其对油气业务的投资进一步向核心地区和有利区块集中,缩小勘探开发范围,更加注重对现有基础设施完善、回收周期短、成本低、碳排放密度低的区块进行拓展,同时通过技术创新、优化技术组合大幅降低碳排放强度和生产成本。

对于中下游板块,埃克森美孚公司的降碳策略主要围绕优化炼化业务结构、淘汰落后低效产能、设备改造优化升级、强化节能减排能力以及提高清洁能源比例等方面展开。埃克森美孚公司预计全球商业运输燃料、高档润滑油基础油和成品润滑油的需求会持续增长,并计划未来的中下游投资主要集中在高端化工产品领域。埃克森美孚公司坚持"单轨"式转型路径,巩固优势低碳业务,在能源转型过程中,避免盲目进入如可再生能源发电等新的业务领域,采取以传统油气业务"去碳化"为主的低碳策略,重点发展本来已经长期涉足、具备一定技术积累的低碳领域。目前,公司重点发展的低碳业务主要是CCS、氢能和生物燃料技术的研究与应用。

在低碳投资方式上,埃克森美孚公司更强调建立伙伴关系共同研发,而不是采取更直接的投资模式。这种方式不仅能以较低的资本支出和研发风险来研发低碳技术,还可以充分地利用其现有的内部技术。埃克森美孚公司在全球范围内与80多所大学、5个能源中心以及美国国家实验室合作,共同推进新能源技术发展。

二、雪佛龙(CVX)

(一)发展历程

雪佛龙是世界上最大的能源公司之一,总部位于美国加利福尼亚州圣拉蒙市,业务分布在全球180多个国家。其业务范围渗透到石油及天然气工业的各个方面,如勘探、开发、生产、炼化、营销、运输、石化、发电等。

雪佛龙公司的发展和壮大一直得益于持续并购。公司始建于1860年的美国加利福尼亚,原名为加利福尼亚星油工厂,1876年并入太平洋海岸石油公司,后者又于1900年被标准石油公司收购,但公司名称不变。之后又经多次收购,在1906年更名为加利福尼亚州标准石油公司,尽管规模较大,但业务只限于油气炼化和销售。1909年正式进入油气勘探开发领域并获得成功。1911年被美国政府反垄断拆分独立。1926年收购太平洋石油公司,使公司油气生产能力得到极大提升。

一战后,随着美国国内石油需求剧增,公司走向国际,1932年在巴林第一次发现油气,之后在沙特阿拉伯发现了巨型加瓦尔油田,国际化之路由此便开始加速。二战后,公司进入美国墨西哥湾、加拿大、印度尼西亚等重点油气区,通过实施一系列并购,企业规模快速扩张。1984年与海湾石油公司合并,油气储量翻倍,并成就了其在西非油气勘探开发中的主导地位,公司正式更名为雪佛龙集团。2001年兼并德士古石油公司,公司更名为雪佛龙德士古公司,成为美国第二大能源公司。2005年公司名称改回雪佛龙公司,并在与中海油的竞争中,成功收购优尼科石油公司,加强了其在亚太地区能源领跑的地位,成为世界最大的地热能源商。2020年收购诺贝尔能源公司,优化了公司核心资产布局。2022年收购生物能源公司,在新能源战略性投资上又前进了一步。

目前,雪佛龙公司优质资产主要集中在美国陆上非常规、墨西哥湾、哈萨克斯坦、澳大利亚、安哥拉、东地中海等。在2020—2023年,雪佛龙每年油气产量保持在10亿桶油当量以上,每年剩余探明储量均维持在110亿桶油当量左右。

(二)资产组合

2021年,雪佛龙原油和天然气探明储量分别为61亿桶和8 752亿立方米,原油和天然气产量分别为6.6亿桶和796亿立方米,储量替代率为112%,资产总额达2 395亿美元,资本和勘探支出120亿美元,实现收入1 624亿美元,净利润156亿美元,已投资资本回报率为9.4%。

1. 非常规油气资产是雪佛龙现有投资组合中最重要的组成部分

雪佛龙在美国、加拿大、阿根廷拥有非常规油气勘探开发总净面积10 521平方千米,2021年非常规油气产能79.4万桶/天,占总油气产能的25%。2022年,非常规勘探开发预算为45亿美元,占总油气业务投资的56%,预计2025年非常规油气产能达到1.4百万桶/天,占总油气产能的39%。雪佛龙在全球拥有常规油气资产总面积约23.8万平方千米,权益面积达10.8万平方千米,平均权益比例为50%,作业者项目比例为80%。2017—2021年新增权益面积达3.6万平方千米,其中埃及就占1.3万平方千米,其他超过3 000平方千米的国家有美国、墨西哥、巴西。2022年,雪佛龙常规油气勘探及早期开发投资预算为15亿美元,是非常规勘探开发预算的三分之一。

常规油气虽然在勘探活动中占比较小,但是对雪佛龙资产组合多元化至关重要。近年来,在追求投资回报及低碳战略下,基于墨西哥湾的成功勘探开发经验,雪佛龙优化常规油气投资方向,在埃及、巴西、墨西哥、苏里南增加深水勘探项目投资,同时减少非核心区勘探足迹,退出毛里塔尼亚、菲律宾、特立尼达和多巴哥等国家。

雪佛龙公司在非常规油气资源开发领域拥有本土作业优势和世界领先技术。雪佛龙公司在美国二叠纪盆地持有8 900平方千米的作业面积,其中75%的区域不需要或只需要支付很低的矿税。二叠纪盆地具有多个非常规区带纵向叠置的独特地质背景,平面上分布众多的未开发潜力区域。雪佛龙一方面通过勘探和并购挖掘盆地内新非常规区带的潜力,充分利用已有的基础设施,实现有机增长;另一方面从技术创新和流程标准化入手,高效、快速、环保地释放资源潜力。

应用微地震检测技术精确识别储层分布、监测压裂效果,配合自主研发的机器学习和人工智能工具,优化井间距设计,提高开采效率。在储层精确检测的基础上开发产能预测工具,优化配产方案和单井产能表现,开发数字化模型和数据分析工具建立学习曲线,不断优化开发方案,降低开发成本。

雪佛龙高度重视开采技术培育,不断研究"更加智慧的开采方式",大储层接触面积、大位移水平井等超低渗储层开采技术一直以来在优化雪佛龙非常规资产盈利能力中扮演着重要角色。2015—2018 年,雪佛龙在美国二叠纪盆地的开发成本降低了 40%,单井产能不断提高,总资产价值实现翻倍。2022 年,雪佛龙对非常规油气的投资和产能建设仍处在上升阶段,预计到2030 年非常规油气产量将占到雪佛龙总产量的 44%。

2. 墨西哥湾深水区是雪佛龙的核心常规油气业务区域,具有较低的碳排放强度

雪佛龙是美国二叠纪盆地内第三大区块面积持有者,有较丰富的盆地勘探和作业经验。在深水的油气勘探开发中,雪佛龙非常重视技术的创新和应用,鼓励新技术和新方法的尝试。2001 年与德士古合并后,公司即刻认识到了深水勘探的潜力并开展了相关技术的研究和储备。

2009 年墨西哥湾深水油田 Tahiti 投产,雪佛龙首次采用了三维可视化技术,极大地提高了对油田储层等的认识和研究水平。作为雪佛龙明星项目之一的 Jack/St. malo 油田,水深 2 134 米,储层埋深 5 944 米,采用半潜式生产平台搭载世界领先的浮式生产技术、信息处理技术、环境监测技术,并成功在大于 2 000 米水深的海底安置四维时移地震监测点,动态监测储层情况,创新性地使用多层完井技术,节省了开发成本,在高压环境下成功安置海底动力装置,在动力提供、耐压等方面位于行业领先水平。在对哈萨克斯坦的 Tengiz油田和尼日利亚深水区的 Agbami 油田的开发中,雪佛龙都通过利用储层管理技术使得油田产量有了显著提高。

另外,雪佛龙还应用了最新地震资料处理与解释技术不断深化对地质的认识,深入挖掘盆地潜力。与在拉美热点勘探区相对谨慎的态度不同,在墨西哥湾,由于对盐下第三系油气勘探具有极其丰富的经验,在每次深水区块的招标中,雪佛龙都积极竞争,大胆投入。拿到区块后,地质和物探技术人员密切配合,对地震资料进行多次针对性处理,提高岩下构造的识别能力。

2010—2015 年,雪佛龙在墨西哥湾深水古近系获得 9 个油气发现,成功率名列前茅。油气田的持续发现极大地提高了公司在墨西哥湾深水区域油气勘探开发各方面的能力。通过地震处理技术的快速发展,盐下第三系成像质量得到提高,同时也增加了识别勘探新领域的能力。2017 年雪佛龙从作业者获得的 Ballymore 油田发现,勘探目的层已由第三系拓展到了深层的侏罗系。随后雪佛龙又联合壳牌相继取得 Whale 油田和 Leopard 油气田的发现。Ballymore、Whale、Leopard 等油田均位于现有生产设施附近,在探井部署时就以回接已有生产中心为优先开发方案,开发成本和周期在雪佛龙资产组合中都具有竞争力,符合雪佛龙对投资回报的战略要求。

近年来,随着开发技术的快速发展,深水、高温高压油气田的开发周期和经济性不断提升,坚定了雪佛龙在墨西哥湾深水区块持续投资的信心。在注重投资回报的战略指导下,围绕已有生产中心部署重大探井在未来仍是雪佛龙常规油气勘探的策略之一。

(三)发展重点和优势

一直以来,雪佛龙的油气业务发展重点侧重于培育核心领域的盈利能力,提升潜在市场的业务能力。2019 年,雪佛龙调整了发展战略,以提高投资回报和降低碳足迹为投资导向,聚焦美国本土非常规和海外优质常规油气资产,减少海外投资足迹和风险暴露。2019—2021 年间,公司油气业务投资预算减少,但总油气产量稳定在 310 万桶/日,主要产量接替贡献来自非常规产能的稳步增加、中东新增产量、原诺贝尔能源公司在东地中海天然气产量。

1. 发挥深水勘探开发技术优势

在过去的 10 年里,雪佛龙对常规油气勘探共投资 98.2 亿美元,其中对深水项目投资 87.7 亿美元,占比 89%;新增商业油气权益储量 22.9 亿桶,主要来自墨西哥湾 8.4 亿桶、尼日利亚 Owowo 油田 1.9 亿桶,以及澳大利亚 Carnarvon 油田 2.3 亿桶油当量天然气,桶油发现成本为 2.46 美元 / 桶,深水桶油发现成本为 2.79 美元 / 桶,桶油开发成本为 12 美元 / 桶,新增常规油气储量将在 2031 年达到 17 万桶 / 天的产能峰值,占总产能的 4%。

尽管常规油气勘探成效显著,但雪佛龙的常规油气勘探战略曾有反复,造成了技术人员的流失,并在一定程度上影响到了勘探成效。2014 年,随着美国国内非常规油气的兴起以及全球油价下跌,公司决定战略收缩,逐渐减少海外高风险地区的勘探活动。2016 年退出毛里塔尼亚,2017 年退出澳大利亚 Bight 盆地、特立尼达和多巴哥,2019 年退出阿塞拜疆、菲律宾。

近几年,随着全球常规油气勘探向深水—超深水、前沿—新兴盆地发展的趋势越来越明显,为平衡常规、非常规资产组合,弥补深水勘探权益较少的短板,雪佛龙又积极回归深水勘探,通过参与政府招标和权益转让,在东地中海、巴西、墨西哥、苏里南等前沿—新兴区带获取深水勘探面积。雪佛龙曾计划在近几年适当加大常规勘探力度,2022 年 9 月到 2024 年在东地中海、巴西、墨西哥湾、苏里南部署 9 口重大探井,其中东地中海、墨西哥有 3 口井由公司担任作业者。现阶段,雪佛龙的勘探计划已基本落实,而且重点关注的区域没有发生变化,会持续加大深水勘探投入。

2. 并购巩固战略地位,加快实现战略目标资产并购在雪佛龙公司的发展中至关重要

战略性并购在使得公司储量增加的同时,也帮助公司开拓出新的领域和地区。1984 年,雪佛龙成功并购海湾石油公司,使得公司油气储量翻倍,一跃成为美国第一大炼油商,同时进一步巩固了其在墨西哥湾、英国北海和加拿大的勘探开发中的优势地位。更重要的是,此次并购使得公司一举成为西非油气行业的领导者。

2001 年,雪佛龙公司合并德士古石油公司以后,总油气规模达到 110 亿桶当量,跻身为美国第二大能源公司。2005 年,公司收购优尼科石油公司,可谓是强强联合,除扩大了其在亚太和墨西哥湾等地区资产组合及优势外,还有大量掌握先进勘探开发技术的研究人员加入,极大地提升了公司的研发能力,为公司在深水油气勘探开发的成功奠定了基础。

2006 年,雪佛龙在墨西哥湾深水区获得 Jack 油田的发现,创下最大水深、最深钻井和最深测试等多项世界纪录。2009 年,水深 1 250 米的 Tahiti 油田投产,更是轰动全球。

2020 年,雪佛龙以 130 亿美元的价格收购了诺贝尔能源公司,这使得公司资产进一步优化和壮大;同时,公司增加了在墨西哥湾、埃及、以色列、加拿大、哥伦比亚和塞浦路斯的资产,这使得公司在二叠纪盆地的油气产量增加了近三成。

另外,通过并购,雪佛龙扩大了页岩油资产,改变了公司原来多为页岩气的非常规资产结构。诺贝尔公司的以色列天然气项目也成了新增优质资产,2020 年为雪佛龙贡献净产能 325 万立方米 / 天,加上诺贝尔公司在塞浦路斯的天然气发现,雪佛龙在东地中海地区的天然气布局得到巩固。

3. 注重资产组合分析,及时剥离非核心资产

2018 年,通过对行业发展预期展望和公司的资产组合分析,雪佛龙考虑进行战略转移,加大对美国非常规、墨西哥湾等核心领域的投资和发展,同时剥离非核心资产。如公司拥有的菲律宾 Malampaya 气田随着合同期限的临近,产能预测会减少 80%,因此雪佛龙在 2019 年进行了出售,获得了 5 亿美元的现金收入。阿塞拜疆 ACG 油田日产量为 50 万桶,2017 年合同期延长至 2049 年,剩余资源量约 30 亿桶,雪佛龙持有 ACG 油田 9.57% 的权益以及输油管道 BTC 8.9% 的权益。随着美国二叠纪盆地、墨西哥湾潜力和投资增加,小权益的 ACG 油田及管道在雪佛龙投资组合中不再具有足够的竞争力,因此,雪佛龙在 2019 年出售了该资产,获得了 15 亿美元的现金收入,以进一步优化投资组合。

4. 开展勘探区块经营,减少自身风险

2019 年,雪佛龙在埃及红海第一轮区块招标中,中标 1 区块,考虑到区块为前沿高风险区,在 2021 年,雪佛龙成功向必和必拓转让 45% 的权益,大幅度分摊勘探投资和风险。2020 年,雪佛龙通过直接谈判获得埃及地中海 Narges、North Dabaa、North Sidi Barani 等区块 90% 的权益,即开始实施权益转

让计划。2021年，雪佛龙在苏里南招标获得5区块后，半年内就成功向苏里南国油和壳牌分别转让了40%的权益和20%的权益。

5. 技术创新和区域研究推动LNG布局

雪佛龙LNG资产主要分布在澳大利亚、西非、北美，并且在天然气液化、运输、销售环节具备比较完善的运营体系。由雪佛龙担任作业者的澳大利亚Gorgon LNG项目于2016年投产，年液化能力为$15.6×10^6$吨，项目位于环境生态保护区内，且项目设计包含$4.5×10^6$吨/年CCS（二氧化碳捕捉与封存），前期投入较大，项目投产运营后CCS因复杂储层条件未能达到预期储存量，还需要后续投资提高运行效果。

雪佛龙近年在澳大利亚Carnarvon的天然气发现将成为接替气源，据伍德麦肯兹，Gorgon项目船上交货平衡气价20.79美元/百万英制热单位。雪佛龙在澳大利亚珀斯的技术研究中心与澳大利亚当地能源研究机构合作开展天然气开采和液化技术研究，以期通过技术创新实现澳大利亚LNG项目的价值增长。随着LNG贸易全球化的逐步开展，LNG需求量也在不断增加，尤其是新兴LNG市场发展速度较快，雪佛龙积极加快东地中海天然气及潜力LNG项目布局，同时理性分析成熟市场、新兴市场波动的影响因素，寻求在未来的LNG项目中实现价值最大化。

6. 相比其他国际石油公司，雪佛龙在领导力、雇员关系、适应力、创新力、企业文化、人力资源管理等方面均处于先进或领先地位

根据行业发展趋势预期，及时调整机构和业务板块设置。2007年开始，雪佛龙按照业务主线和地理区域调整组织结构。在总体架构上，公司划分为集团总部、业务板块和地区公司三个层级。按照产业链职能的不同，业务板块划分为全球油气业务、全球下游、技术服务支持和企业职能四个部分。技术服务支持和企业职能两个业务板块向全球油气业务及下游板块提供标准化流程和技术服务支持。按照地理区域分别设置了北美、非洲/拉美、亚太、欧洲/中东/欧亚四个地区公司，负责各区域内的勘探开发业务，包括勘探开发类新项目的策略研究、商务谈判和收购接管，确保区域内业务高效协同、快速决策，提升业务管理水平。

在重点业务管理流程及授权方面,雪佛龙对集团总部、业务板块、地区公司的职能进行了划分。集团总部负责战略发展、投资预算、领导任命等关键流程的审批,把控企业发展方向,调整企业资源,确保板块间有效协同,承担"负责人"的角色。业务板块拥有较大的决策自主权,承担"实施者"的角色,负责把控地区业务关键流程。地区公司在地区年度计划、个人绩效管理、薪酬管理流程中拥有一定的决策自主权,在资源分配流程中向业务板块提供数据和信息,是流程的"建议者"和"参与者"。

雪佛龙公司发展重点和优势可以总结为以下五点:

(1)保持油气业务发展战略定力和技术创新。雪佛龙在非常规油气资产的世界领先开采技术、油田管理经验、自主勘探和并购带来的非常规区带拓展,以及在墨西哥湾的持续勘探投入、区域研究投入和深水、高压环境钻井及开发技术的投入,表明雪佛龙注重核心领域全面能力建设,并以强化核心领域的盈利能力为目标。对于勘探热点区域墨西哥、巴西、圭亚那—苏里南盆地等,雪佛龙始终保持比较理性的投资策略,与勘探经验丰富的盆地领导者合作,吸收区域研究成果,减少投资风险。

(2)根据行业发展态势,及时调整战略,合理规划,快速补齐资产短板。2018年,雪佛龙认识到公司资产类型和区域过于集中,非常规资产比例较高,且开发面临美国国内越来越严格的环境、碳排放标准等问题,便立即调整了战略方向,利用自己深水勘探优势,针对性地加大了对深水勘探的投入,之后相继获得了埃及、墨西哥、巴西等深水勘探资产,改善了资产结构,使资产组合得到了优化。

(3)"工厂模式"经营理念。通过建立标准化的设计、流程,围绕生产中心深度挖掘新基础设施勘探潜力,对缩短开发周期、降低开发成本效果显著。

(4)强强联合型并购和勘探区块高效经营,加快油气业务资产布局目标的实现。雪佛龙对诺贝尔能源公司的收购符合其强化美国本土非常规、获取海外优质低碳资产的战略规划,在优化资产组合的同时也获得了现金流回报。雪佛龙在获取勘探资产后,特别是前沿区域,积极高效地开展权益转让,但保留作业者权利,平摊地震采集、钻井等投资和风险。

(5)谨慎的新能源投资策略。毫不讳言,新能源尽管是未来能源发展的方向,但充满了未知数。因此,作为传统能源生产商的雪佛龙在新能源投资上较为谨慎,目前仍以研究为主,新能源投资预算远低于欧洲大型国际石油公司,目前投资重点是利用已有设施发展 CCS 项目,对可再生能源集团 Renewable Energy Group 的收购表明生物燃料是其主要投资方向之一。对于氢能、风能,雪佛龙和埃克森美孚相似,目前主要投资在相关的技术研究上,对于实体项目的投资较少。在地域上,北美仍然是能源转型项目的主要区域。

三、碧辟(BP)

(一)发展历程

碧辟成立于 20 世纪初,由前英国石油、阿莫科(Amoco)、阿科石油(Arco)和嘉实多(Castrol)等公司整合重组而成,是世界上最大的石油和石化集团公司之一,在全球 30 个国家开展油气勘探开发业务。成立百年来,走过了从中东走向全球、从陆地走向深水、从传统油气走向综合能源的发展历程。

2010 年后在墨西哥湾漏油事故、能源转型、俄乌冲突等内忧外患问题的影响下,碧辟积极调整战略,优化全球油气业务资产组合,以质换量、化危为机,主动应对不断变化的外部环境。碧辟在不同时期,根据对全球地缘政治格局变化、经济发展趋势和能源行业周期性规律的理解,主动抓取重大战略机遇,推动资产组合跨越式提升,并通过组织结构的变革,实现公司战略和组织变革的动态匹配。作为英国本土最大的能源公司,碧辟的发展和英国国家能源战略密不可分,其在应对复杂挑战、把握战略窗口、部署海外发展战略和资产组合优化等方面提供了一些值得同类公司借鉴的做法和经验。

碧辟的前身是安格鲁-波斯石油公司,1908 年在中东札格罗斯盆地发现了第一桶原油,但因公司缺乏资金而无法开展进一步的勘探开发。与此同时,一战的爆发让英国政府意识到石油作为战略性资源的重要性。英国政府于1914 年注资 200 万英镑成为碧辟的实际控股方,助力公司在中东和北非地区的业务布局,并陆续在伊朗、伊拉克、利比亚等资源国发现多个超级油气田。

然而,二战结束后,伊朗国有化运动及美国政府和油气公司的介入使得碧辟在中东的地位受到严重挤压。碧辟管理层意识到资产布局过于集中在特定地区会面临巨大的风险,因此开启了全球拓展之路,寻找新的有利地区。

碧辟于 20 世纪 50 年代中期开始在阿拉斯加前沿地区进行勘探,直至 1969 年在普拉德霍湾获得第一个大型原油发现。随后,碧辟克服了北极恶劣的作业环境、复杂的原住民关系,以及环保法规等重重阻碍,和合作方共同修建了总长度 1 300 千米,造价高达 80 亿美元的跨阿拉斯加管线工程。在此期间,中东地区第一次石油禁运使得碧辟在该地区的产量锐减,从 1973 年的 1.4 亿吨 / 年降到 1983 年的 50 万吨 / 年,产量占比从 80% 下降到 10%。但得益于阿拉斯加和英国北海的两个新的大型油气生产基地,碧辟不仅未被中东国有化浪潮吞没,还成功将危机转变为公司实现全球布局多元化和打造"勘探为王"竞争优势的动力。

20 世纪 80 年代,作为大股东控制了碧辟 70 年的英国政府开始推行私有化政策,逐步退出碧辟。这一变化促使碧辟管理层寻求进一步完善业务布局,在资源禀赋好的区域实现大突破,创造新的利润中心,实现可持续发展大型油气的机会。而苏联解体和东欧剧变为寻求突破的碧辟提供了可遇不可求的战略机遇。1994 年,碧辟牵头 11 家分别来自美国、俄罗斯、挪威、土耳其等国家的油气公司与刚从苏联独立出来的阿塞拜疆政府签署了 ACG 已发现油田产品分成合同。

1999 年,碧辟通过自主勘探在里海发现了 Shah Deniz 超级大气田。碧辟牵头建设的巴库—杰伊汉和南高加索两条战略性油气管道将位于内陆的里海油气出口至欧洲市场,不仅最大化油气业务项目价值,还打破了俄罗斯在里海的垄断地位。

2003 年,碧辟利用持有大量油气资源的俄罗斯寡头寻找先进的技术和管理经验合作伙伴的契机,与秋明石油公司成立合资企业秋明-碧辟,双方各持有 50% 的股份,成为俄罗斯第三大一体化石油公司。至此,碧辟完成了在中亚和俄罗斯这一战略核心区的油气业务布局。

20 世纪 90 年代中期,碧辟已成为行业三巨头之一,但与埃克森美孚和壳牌相比,公司在总体规模、偿付能力及市场风险应对能力方面尚有差距。随着 1998 年亚洲金融危机爆发,国际油价大幅下跌,油气公司市值严重缩水,时任碧辟首席执行官的约翰·布朗认为,碧辟如果不主动扩大自身规模,将成为其他公司的收购目标。利用低油价窗口期,并购规模相对较小、对市场波动较敏感、市值下跌的油气公司,可以大大节约并购成本,对碧辟来说无疑是推动公司实现阶梯型跨越的大好时机。基于这个战略,碧辟进行了一连串并购大动作。

1998 年,碧辟和美国阿莫科石油公司以换股的方式完成合并,合并后新公司的市值为 1 460 亿美元,是当时石油工业史上最大的一笔并购交易。通过此次并购,碧辟油气业务资产布局由中东、中亚、北海和阿拉斯加的传统核心区拓展至美国洛基山脉西部、加拿大西部、特立尼达、埃及、阿根廷和玻利维亚。其储量由 87 亿桶提升至 148 亿桶,日产量从 125 万桶提升至 300 万桶。合并后,碧辟油气业务规模超过埃克森美孚而上升至第二位,并进入美国下游炼化和零售业务,完成了上下游一体化产业链构建。

1999 年,在身处资金短缺困境的阿科石油主动提议下,碧辟与其达成了收购协议。但由于违反了美国竞争法案,经联邦贸易委员会裁决,碧辟将阿科石油在阿拉斯加的资产转让给了第三方。此次交易虽然并未达成碧辟收购阿科石油阿拉斯加资产的首要目标,但为碧辟打造全球一体化天然气资产组合构建奠定了基础。碧辟的天然气储量从 1997 年的 5 354 百万桶油当量增长至 2000 年的 7 320 百万桶油当量,并获得了特立尼达和多巴哥和印度尼西亚东固两个一体化天然气作业者项目,通过周边勘探实现天然气储量接替,保持国际同行中最低的一体化资产组合盈亏平衡定价,即 3.59 美元 / 百万英制热单位。通过上述并购,碧辟的业务布局、资源结构、产业链一体化得到了全面提升,成为油气公司全球化进程的领头羊。

(二)资产组合

1. 碧辟致力于价值为本,资产质量重于数量的资产组合优化战略

2010 年,碧辟位于墨西哥湾的"深水地平线"钻井平台发生井喷并爆炸引发了大火,造成了 11 名工人死亡和 17 人受伤。作为主要责任方的碧辟为事故累计支付超 640 亿美元,超过了公司从 2012 年到 2015 年的利润总和。碧辟的信誉受到极大损害,使得公司无法通过大规模的发债或银行借贷进行融资。

为应对近乎灭顶的危机,碧辟迅速调整发展策略,提出"价值增长重于产

量增长、资产质量重于资产数量、保证平稳、控制风险"的战略指导思想,由事故前注重产储量增长转向注重长期价值增长,由业务增长型公司向资产管理型公司转变,明确了以剥离、整合和稳步扩展为核心的三大资产组合优化方向。具体实施路径为出售非核心资产,快速获取现金,巩固公司现金流;整合和优化现有业务组合;集中公司所有资源,适时稳步扩张优势核心业务。此时,全球油价已经由 2008 年的 45 美元/桶上涨至 2011 年的 117 美元/桶,得益于这一波高油价周期,碧辟顺利剥离了位于美国、英国、加拿大、澳大利亚、阿塞拜疆、哥伦比亚、埃及等边际、低回报的非核心资产,总计获得了 528 亿美元的收入。

虽然是被迫"瘦身",但这些举措让公司在 2014—2020 年低油价周期相比较"臃肿"的同行以更优质精简的资产组合度过了寒冬,并推动产量在资产剥离短暂下降后实现了 U 形反弹。在出售非核心资产的同时,碧辟积极进入或扩大在新兴资源地区及深水地区的地位,培育新的战略接替区和利润增长点。碧辟重点发展深水天然气价值链和大型油气田等有竞争优势的优质资产,不断巩固公司的竞争优势,强化北海和墨西哥湾地区对公司油气业务的战略地位。

2012 年,碧辟与俄罗斯石油公司建立战略联盟,在俄罗斯石油公司的持股比例近 20%。在优化资产组合的同时,碧辟也对管理模式和组织机构进行了重大调整,强调风险管理,实现高效、安全、可靠的卓越运营。2011 年,碧辟成立了安全与运营风险部,在首席执行官的授权下,全面负责公司各地运营的监督与审查,形成了一套独立于业务线的制约与平衡功能。同时,按照业务技术与安全管理的需求,公司将油气业务分拆为勘探、开发和生产三个专业部门,新成立了综合战略部,负责油气业务专业部门间协调与优化,以及对接其他职能部门。新架构使碧辟从区域性业务组织模式转变为以专业为主的全球化管理模式,这不仅有助于在全球范围内推行统一的开发、建设、作业标准化流程,强化决策期和建设期的风险控制,还有效促进了油气业务板块的资源和信息协调配置能力。

2. 俄乌冲突对碧辟资产组合的影响

作为苏联解体后第一批在俄罗斯建立业务的国际油气公司之一,碧辟在

2013 年将其合资企业中 50％的股份出售给俄罗斯石油公司,换回了 124.8 亿美元现金和 19.75％的股份,以及两个董事会席位。交易完成后,俄罗斯石油公司约占碧辟石油和天然气储量的一半,同时为碧辟贡献了约三分之一的油气产量。2021 年,碧辟从俄罗斯石油公司获得的股息收入总计约 6.4 亿美元,占其运营总现金流的 3％。

俄乌冲突发生后,碧辟董事会宣布公司将退出其在俄罗斯石油公司 19.75％的股权。该决定可能会导致碧辟面临 250 亿美元的损失,包含 140 亿美元的资产价值减值,以及自 2013 年起累积的外汇损益等价值 110 亿美元的损失。根据现有的公开信息,碧辟已经退出了俄罗斯石油公司。2022 年 2 月,碧辟宣布退出,后解释由于俄罗斯政策原因将在半年内完成退出程序。2022 年 10 月俄罗斯石油公司总裁称交割未完成。2023 年 2 月,碧辟发布的公司年报中显示其已经完全退出了俄罗斯石油公司。但显而易见的是,退出俄罗斯石油公司将使得碧辟失去近 1/3 的油气产量。在目前油气公司发布的能源转型战略中,大多数公司将传统油气业务作为推动转型的现金引擎。俄罗斯业务停摆有可能会影响碧辟油气资产剥离计划,并且加强对其现有资产的挖潜,例如通过扩边及周边勘探实现油气储量稳中有升,进一步提高现有资产的产能和盈利。

(三)发展重点和优势

1. 在全球能源政策分化的趋势下,明晰自身的战略定位

尽管碧辟早在 20 世纪 80 年代就完成了私有化,但其战略定位的变化与英国能源政策的演变密不可分。2017 年,英国政府出台《清洁增长战略》,计划将低碳经济嵌入英国产业战略的核心。同年,碧辟宣布发展风险投资以及与低碳相关的新业务模式。2019 年,英国修订《气候变化法案》设定了 2050 年温室气体净零排放目标,碧辟亦成为第一个提出到 2050 年前实现集团净零目标的国际油气公司。

2. 在当前全球油气供需关系重建的新形势下,利用自身优势,抓住重大战略机遇,化危机为转机

在每次全球性启机中,碧辟油气业务无一不是乱中取胜,如在伊朗国有

化危机中,反思业务布局,向外拓展,打开阿拉斯加、北海、墨西哥湾深水等多个前沿勘探新区,并在石油禁运中获得巨大收益。在苏联解体后,碧辟第一时间进入里海,主持修建两条向欧洲输送油气的管道,亦成为当下欧盟获取俄罗斯替代油气资源的重要通道。

3. 深刻理解并驾驭油气行业周期性规律,优化资产组合

在高油价周期剥离低回报、边缘性的资产,实现边际资产价值最大化。在低油价周期通过大规模的企业并购,完善资产组合布局、资源结构调整、产业链一体化升级。除了在20世纪90年代末对阿莫科和阿科石油进行并购外,碧辟在2016年全球LNG价格低迷时,与科斯莫斯能源(Kosmos Energy)公司组建合资企业,进入西非新兴盆地,开发深水天然气项目,并与莫桑比克330万吨/年浮式LNG项目签定了20年的长期购销协议,为后续天然气一体化布局奠定了基础。

4. 坚持油气业务资产组合优化的战略核心思路

碧辟尽管经历了各种内外部挑战,但在油气业务资产组合优化的核心思路始终都遵循三大原则:

(1)聚焦油气资源最丰富的优势地区,以大型油气发现为主要目标;

(2)建立作业者主导地位;

(3)管理生产中后期资产,及时出售与战略契合度较差的资产。

5. 通过组织架构的变革,实现公司战略和组织变革的动态匹配

碧辟每一次战略调整和转型都伴随着不同程度的机构重组,运营模式经历了从高度集中化到本地化,再回到以业务为主体的集中管理模式。

在早期创业阶段,碧辟的资产相对集中,建立了集中的集团管控,提高了资产管理效率;在业务扩张初期,在总部决策的基础上,提高了各业务板块的标准化水平;在并购扩张阶段,决策权由总部下放至各业务单元,强化各地不同的战略发展;随着"回到根本"战略推进,将管理重心上升到业务板块。

从碧辟的管理变革可以看出,当企业目标任务发生重大变化时,组织机构必须做出相应的调整。碧辟不断自我更新、自我成长,提前布局谋篇,其管理的韧性使得碧辟为战略转型和资产组合优化提供了强大支撑。

四、道达尔能源（Total Energies）

道达尔能源最早成立于 1920 年,总部设在法国,经过百年的发展,目前已经成为一家多元化的能源公司,在全球生产和销售包括石油、天然气、生物燃料、绿色燃气、可再生能源和电力在内的能源产品。道达尔能源现有约 105 000名员工,业务遍及全球 130 多个国家和地区,位列 2024 年《财富》杂志世界500 强,排行第 23 位。

道达尔能源当前发展战略是在增加石油和天然气产量的同时,减少温室气体的排放,其业务包括四大支柱:

一是聚焦天然气、生物能源和氢能。扩展 LNG 业务,在发电、供暖和出行等领域促进天然气的利用。

二是打造世界领先的电力公司。增加低碳电力,尤其是可再生能源电力的投资,打造从生产到销售一体化的电力业务运营模式。

三是去碳化和优化石油项目。重点发展具有经济韧性的石油项目,专注价值而非产量,调整炼化业务的产能和销售以适应不断变化的需求,同时增加可再生燃料。

四是发展碳汇业务。继续投资森林、再生农业和湿地等自然碳汇,发展CCS 技术。

（一）发展历程

1920 年,道达尔能源公司的前身——比利时石油财务公司成立。与其他的国际石油公司不同,道达尔能源公司从诞生之日起就把"国际化"作为公司发展的第一要务,成立之初便开始参与在罗马尼亚的石油勘探、开采和炼制。1924 年,由道达尔公司组建的法国石油公司正式成立,1927 年该公司发现伊拉克第一个油田。

20 世纪 20 年代至 70 年代,道达尔公司先后从石油勘探开发扩张到天然气开采领域、炼化加工领域和橡胶等工业生产领域。勘探开发活动从法国开始,相继进入阿尔及利亚、阿布扎比、加蓬、印尼、安哥拉、英国、阿根廷、美国、哥伦比亚等国,成功打入世界油气市场。20 世纪 50 年代,成立了加拿大法国石油公司,在全球确立并注册了"Total"商标。1985 年法国石油公司更名为道达尔-法国石油公司,紧接着公司开始私有化。1991 年道达尔-法国石油公司更名为道达尔,1992 年法国政府不再持有任何股份。

20 世纪 90 年代末,道达尔在全球石油化工产业重组兼并浪潮中进一步确立了它在世界石油石化行业的显赫地位。1998 年 11 月,道达尔和比利时菲纳石油集团合并,成立了道达尔菲纳公司,新公司的成立让道达尔成为世界第六大、欧洲第三大石油公司。2000 年,道达尔菲纳公司与法国埃尔夫阿奎坦集团合并,成立了道达尔菲纳埃尔夫公司。2003 年,公司重新改名为道达尔集团。道达尔集团通过放眼全球资源,不断地进行开拓、融合、兼并、重组,逐步发展成为全球知名的、石油石化一体化的跨国能源化工巨头。

21 世纪 20 年代初,道达尔能源开始将自己定义为综合性国际能源公司,不再仅仅是石油石化能源公司。道达尔能源致力于在保持石油供应能力、增强核心油气业务盈利稳定性的同时,逐步增加天然气和 LNG 的比重并积极拓展包括沼气、低碳氢、CCUS(碳捕获、利用和封存)技术、生物燃料以及可再生能源在内的新的业务领域。

(二)资产组合

1. 油气业务

经过多年不断优化油气业务投资组合,如今道达尔能源已在全球 50 多个国家拥有约 897 个区块,区块总面积高达 119 万平方千米,区块净面积达 45 万平方千米。其中勘探区块 585 个,面积共 101.7 万平方千米;开发区块 105 个,面积共 6.5 万平方千米;生产区块 179 个,面积共 4.8 万平方千米;研究区块 5 个;暂停区块 23 个。

在勘探投资组合方面,目前道达尔能源全球净勘探面积 32 万平方千米,其中 79% 为深水、超深水,勘探面积分别为 7.7 万平方千米和 17.6 万平方千米。2000—2022 年,道达尔能源在巴西坎波斯、桑托斯盆地超深水区共钻 9 口探井,平均水深为 2 600 米;在坎波斯盆地发现 Xerelete 油气田,水深 2 400 米。2021—2022 年,在坎巴西波斯盆地 541 区块部署实施 2 口探井,水深 3 000 米,未取得商业发现。2022 年,在安哥拉下刚果盆地钻探 3 口超 3 000 米水深的探井,其中 Ondjaba-1 井水深 3 628 米,是目前水深最深的探井,同年在纳米比亚 3 000 米水深处获得 Venus 油田发现,预计储量 30 亿桶,将在 2028 年投产。

　　道达尔能源通过在世界各地的收购、参股和选择性撤资,不断进行升级。近 10 年以来,经过提前布局,道达尔能源逐步以较低的代价成功进入了南非、纳米比亚、圭亚那 / 苏里南、塞内加尔、毛里塔尼亚、墨西哥等前沿和新兴盆地,尤其是这些盆地的深水区,并且在这些盆地的勘探取得了重大的突破,累计在这些盆地获得净储量约 2 866 百万桶油当量。近年来,道达尔能源还放弃或剥离了在阿尔及利亚、墨西哥、希腊、缅甸、巴西、斯里兰卡、科特迪瓦、南非和毛里塔尼亚的部分勘探区块。在勘探投资方面,2014 年道达尔能源勘探投资为 26 亿美元,之后逐年下降,过去 5 年平均投资约为 11.5 亿美元。2021 年,道达尔能源的勘探投资进一步降低到约 8 亿美元,且一直集中在撒哈拉以南的非洲和美洲地区。

　　在开发生产投资组合方面,道达尔能源最大的两个生产地区是撒哈拉以南的非洲和中东地区,这两个地区产量占其 2020 年全球产量的 44%。同时,近年来道达尔能源也在全球范围内剥离了技术成本较高或排放水平较高的石油和天然气资产,其中包括出售或放弃加蓬的部分资产、委内瑞拉的 PetroCedeno 超稠油油田、阿曼的 Mukhaizna 稠油油田、伊拉克的 Sarsang 项目以及巴西未开发的 Wahoo 项目。

　　道达尔能源油气业务资产分布范围广,在撒哈拉以南的非洲地区,道达尔能源在 10 余个国家有油气田在产,2019 年在该地区的油气产量约为 69 万桶油当量 / 日,占道达尔能源全球产量的近 1/4,尼日利亚和安哥拉是其最大的生产国。在欧洲,自 2015 年以来产量呈上升趋势。道达尔能源在 2018 年对马士基和 2019 年对雪佛龙丹麦地下联盟股权收购后产量进一步提高,到 2019 年达到 44.1 万桶油当量 / 日,主要来自挪威和英国;在中亚和俄罗斯,自 2011 年道达尔能源参股诺瓦泰克以来,在中亚和俄罗斯地区的产量大幅增长,从 2010 年的 2.2 万桶油当量 / 日增加到 2019 年的 51.3 万桶油当量 / 日。然而,俄乌冲突后,道达尔能源决定不再为北极 LNG 2 等项目的开发提供更多资金,并开始逐步暂停其在俄罗斯的活动,因此遭受了一定的损失。

　　在亚太地区,浅水区天然气是道达尔能源的主要资产,目前产量主要来自澳大利亚和泰国,在未来 10 年内产量将稳定在 23 万桶油当量 / 日左右。

在北美,道达尔能源在 2014 年油价暴跌后开始削减加拿大油砂项目,2019 年产量为 20.5 万桶油当量/日,仅占其全球产量的 7%。在拉丁美洲,道达尔能源目前产量份额较少,投资组合定位于长期增长,巴西、苏里南和阿根廷将是其未来主要的产量增长区。

道达尔能源的石油投资组合定位于短期增长,专注于低成本、低排放量,同时为能源转型和公司股东提供现金流。2020 年,道达尔能源的石油产量来自 28 个国家,其中阿联酋、安哥拉、尼日利亚、挪威的产量占全球液体产量的近 50%。道达尔能源强调天然气和 LNG 生产的持续增长,作为其"更多能源,更少碳"战略的一部分。道达尔能源的天然气产量从 2010 年的 560 亿立方英尺/日增加到 2020 年 720 亿立方英尺/日(1 立方英尺 = 0.028 3 立方米),天然气产量的增长主要来自俄罗斯。道达尔能源的权益 LNG 产量从 2015 年的 800 万吨/年增加到 2020 年的 1 750 万吨/年,这主要得益于亚马尔 LNG、伊希思 LNG 和卡梅隆 LNG 产量的增长。

道达尔能源通过并购和资产剥离持续优化资产组合。2023 年全年道达尔能源并购资产 64 亿美元,剥离资产 77 亿美元。并购资产包括为澳大利亚 Ichthys LNG 提供长期供气保障的 Cash-Maple 气田、美国 Rio Grande LNG、沙普拉能源 SapuraOMV 公司的在产资产以及澳大利亚、新西兰勘探资产,阿联酋的 CEPSA 在产油田。主要剥离资产包括出售加拿大油砂、哈萨克斯坦 Dunga 油田,权益转让包括安哥拉 Golfinho、阿塞拜疆 Absheron。

道达尔能源在北美非常规资产占比较小,来自非常规产量递减的压力小于埃克森美孚、雪佛龙、壳牌等。道达尔能源的油气业务投资在 2013 年达到顶峰,约为 260 亿美元。此后,尽管投资一直呈稳步下降趋势,然而同时期公司的油气产量继续增长了 30% 以上,这反映了该公司的成本优化和投资组合优化战略正在产生积极的效果。

2022 年,道达尔能源对油气业务投资略低于 100 亿美元,包括勘探、生产和天然气相关业务。绿地投资在油气业务资本支出中占比最大,为 45%,棕地投资占 40%,其余 15% 为勘探支出。过去 5 年的绿地投资分布全球,最大目的地为非洲。其中东非区域的大部分绿地投资流向了乌干达的 Lake Albert 开发项目,西非区域则主要为安哥拉海岸的 17 号区块项目。

根据睿咨得公司预测,道达尔能源的油气业务投资将在未来两年呈上升趋势,可能会增加到 120 亿美元,以支持公司近期发布的战略方针。绿地与棕地的投资比例反映出道达尔能源并未减弱对油气业务的投资热情,正继续致力于以较高比例投资持续开发新油田,增加公司产能。同时,通过基础设施维护或补充钻井来维护现有老油田,以延长油田寿命并增加油田的最终可采储量。

2. 天然气一体化业务

道达尔能源计划到 2030 年实现天然气产量增长 60% 的目标,届时拥有全球 LNG 市场 10% 的份额,公司天然气产量占比为 40%,销售占比为 50%。

公司将主要开发一系列 LNG 项目,包括卡塔尔 NFS 和 NFE 项目、巴布亚新几内亚 PNG LNG 项目、美国 ECA LNG 项目和 Rio Grande 项目,以及莫桑比克 LNG 项目。另外在 2023 年,道达尔能源与伊拉克签署了一个价值 270 亿美元的天然气增产一体化项目。目前,公司在卡塔尔、尼日利亚、俄罗斯、挪威、阿曼、埃及、阿联酋、美国、澳大利亚和安哥拉等国家都拥有 LNG 液化厂的股份。

2018 年,道达尔能源获得了俄罗斯北极 LNG 2 项目 10% 的股份。同年,道达尔能源还加大了其在 Tellurian 公司中的投资,开发美国的 Driftwood 项目。2019 年,道达尔能源成立了天然气、可再生能源和电力一体化部门来发展 LNG 业务。同时,道达尔能源也在这一年与西方石油公司达成了协议,收购了阿纳达科在非洲的油气业务资产,其中包括莫桑比克产能 12.9 百万吨 / 年的 LNG 项目 26.5% 的股权。最近几年,公司又专注于中东地区的并购。在 2023 年,道达尔能源收购了 CEPSA 阿联酋的资产,也收购了卡塔尔 NFS 和 NFE 扩建项目的股权,增加了 3 500 万吨 / 年的 LNG 产能。

3. 可再生能源和低碳业务

道达尔能源制定了详尽的围绕"碳中和"和业务多元化的企业发展目标。对于"碳中和"目标,以 2015 年直接碳排量 4 600 万吨为基准,第一步到 2030 年直接碳排量减少 40%,第二步到 2050 年直接碳排量为零,实现碳中和。对于多元化能源企业目标,以 2019 年为基准,以 2030 年为期限,石油能源产品营收比例从 55% 降至 35%,天然气产品营收比例从 40% 提升至 50%,电力能源营收比例从 5% 提升至 15%,大力发展可再生燃料和氢能等可再生气体产业。对于新能源目标,计划未来 10 年投资 600 亿美元新能源项目,新能源发电装机容量分两步走:以 2020 年装机容量 7 吉瓦为基准线,第一步到 2025 年实现新能源装机容量 35 吉瓦,第二步到 2030 年实现新能源装机容量 100 吉瓦。

对于其他目标,天然气和电力消费用户以 2018 年的 500 万用户为基准,到 2025 年实现天然气和电力用户 1 200 万人的目标;充电桩以 2020 年的 210 00 个充电桩为基准,到 2025 年实现 150 000 个充电桩的规模;生物燃料气体电力生产以 2020 年投资容量 500 吉瓦为基准,到 2030 年实现 4 000～6 000 吉瓦;生物燃料生产以 2020 年 30 万吨年产能为基准,到 2030 年实现 500 万吨年产能。

2011 年以来,道达尔能源公司开始通过频繁收并购和产业投资进军能源相关产业,推动多元化经营。

在收购并购方面,2011 年,道达尔能源公司收购了美国太阳能发电企业 SunPower 60% 的股份,正式进入新能源发电产业。2016 年,收购全球领先的电池储能设计和生产的技术企业 Saft Groupe,正式进军电力存储业务。2018 年,收购法国电力集团旗下的 LNG 业务,成为世界第二大 LNG 企业。

在资产投资方面,作为传统能源领域的王者,道达尔能源早已开始在新能源领域进行投资布局,投资方向主要为可再生能源和氢能。2021 年 5 月,公司名称正式从“Total”更改为“Total Energies”,宣告了道达尔能源面向未来能源转型战略加速实施的开始。未来道达尔能源将继续加大产业投资力度,计划通过旗下 Total Solar 和 Total Quadran 两家新能源开发子企业,投资开发更多太阳能和风能发电项目,年投资额将为 130 亿～160 亿美元。以天然气、氢能和新能源为代表的未来能源产业和资产将成为道达尔能源的重点投资方向。

为了实现综合电力业务部门约 12% 的盈利能力,道达尔能源旨在复制其石油和天然气业务的综合模式。为此,道达尔能源计划通过构建一个世界级的、具有成本竞争力的投资组合来实现这一模式,该投资组合将太阳能、陆上风电、海上风电等可再生能源与天然气发电、电力存储和平峰填谷等工具相结合,以提供低碳和稳定的电力。道达尔能源专门利用其购买力来降低投资成本,并通过数字技术将其可再生资产工业化,以最大限度地降低运营费用。该公司的平均已动用资本回报率目标是到 2028 年接近 12%。2023 年,在油气利润占主导的情况下,该公司报告的投资组合平均已动用资本回报率为 19%。

经过近百年的发展,道达尔能源的主要业务布局已涵盖整个石油产业链,包括石油和天然气的勘探、开发与生产、LNG 等油气业务板块和炼油、销售以及原油和油品贸易与运输等下游业务板块。同时,道达尔能源生产石化及化肥等基础化工产品和针对工业及消费者市场的橡胶加工、胶黏剂、树脂等特种化工产品。此外,道达尔能源还从事采煤和发电业务。道达尔能源正在通过积极扩展能源产品供应范围和开发补充性的下一代可再生能源,满足未来的能源需求。

(三)发展重点和优势

道达尔能源采用油气和新能源双增长的战略应对能源转型,业务布局呈现出四个方面的特点。一是专业化。道达尔能源始终围绕能源产业做文章,从 20 世纪 20 年代的初创企业到如今的世界四大石油产业集团之一,在这近百年的历程中始终聚焦以石油天然气为核心的能源产业。二是纵深化。道达尔能源围绕产业链做文章,在以石油天然气为核心的能源产业里,形成了覆盖生产、运输、分配等全产业链的生产服务能力。三是多元化。道达尔能源围绕能源产业的发展趋势做文章,形成跟随或引领时代发展潮流的能源产业多样化发展布局。目前,道达尔能源在油气业务上涉足石油、天然气、新能源等产业;在中游布局 LNG 运输、石油炼化和石化产品、燃气和新能源发电;在下游布局石油、天然气、电力销售、存储和服务业务,形成纵横交错的多元化布局。四是场景化。道达尔能源围绕消费端需求做文章,在能源产业的全产业链布局下,道达尔能源力求在消费端形成能源消费场景、电力储运场景、电力消费场景、电力效率服务场景、气候危机应对等场景,满足政府、企业和个人消费端的多层次需求。

道达尔能源尽管在未来规划中低碳业务占有越来越大的比重,但仍然重视在传统领域的投入,致力于稳定其核心的油气业务,因为从中期来看,传统油气业务中期仍然是道达尔能源主要的收入和利润来源,可以为能源转型提供所需的现金流。

道达尔能源油气发展优势在于其长期持有优质油气资产,逐步建立了高回报率、低碳排放强度的油气资产组合。道达尔能源对新项目的投资要求非常严格,需同时满足资本支出 + 运营支出低于 20 美元 / 桶或平衡油价低于 30 美元 / 桶、碳排放强度低于现有资产排放强度均值的标准。

道达尔能源的勘探战略是利用勘探前沿区早期获取窗口低成本获取具有潜力的区块,通过研究聚焦大潜力的勘探目标并适当剥离较低潜力勘探区块,从而建立起高质量的勘探资产组合,这一稳定的勘探资产组合构成了稳定油气产量的物质基础。与同行相比,道达尔能源对地面风险的接受程度高,资源规模是其首要考虑的因素。

目前,道达尔能源勘探区块净面积为 24 万平方千米,仍然是主要石油公司中最大的,深水勘探面积占比 83%,其中大于 1 500 米水深的勘探面积占比 61%。道达尔能源在发现 Venus 油田以前,在乌拉圭的 Pelotas 盆地、马来西亚 Sabah 盆地、墨西哥 Perdido 构造带、安哥拉刚果盆地等超过 3 000 米水深的前沿区进行了勘探作业。早进入的优势在近期新发现中得到充分体现,2013—2024 年,纳米比亚、塞浦路斯、南非发现的净现值在道达尔能源勘探资产组合中位列前三。

道达尔能源通过与同行和国家石油公司建立合资公司的方式,增加其投资的多元性,降低投资组合的整体风险。例如,在 LNG 需求不断增长的预期下,加入卡塔尔国油 North Field 项目,巩固 LNG 布局,以提供稳定的市场供给。2025 年,道达尔能源的 LNG 年产量将达到 50 万吨,在 LNG 全球市场份额的占比保持在 10% 以上。

通过并购和资产剥离持续优化资产组合。2023 年,道达尔能源并购资产 64 亿美元,剥离资产 77 亿美元。道达尔能源北美非常规资产占比较小,来自非常规产量递减的压力小于埃克森美孚、雪佛龙、壳牌。

近年来,道达尔能源的油气产量每年增长 2%,这不仅保证了公司的盈利水平,成为 2020 年低油价时期总体业绩最好的国际大石油公司,还使公司充分得到了资本市场的认可。

在多元化能源转型中,道达尔能源非常重视提升传统能源效率,为所有工业设施设定了每年降低 1%能源强度的目标。自 2010 年以来,道达尔能源设施的能效提高了 10%以上。道达尔能源一直将消除伴生气作为其优先工作任务,从 2010 年到 2020 年成功实现了减少 80%伴生气燃烧的中期目标,并承诺在 2030 年前将全面消除运营设施的伴生气燃烧。此外,道达尔能源还一直致力于减少甲烷排放,自 2010 年起,其甲烷排放减少量在全球油气行业领域中名列前茅,且计划未来十年内甲烷排放将再减少 80%。

道达尔能源也注重将传统能源技术引入能源转型中,比如将用于油气开发领域的浮式平台和深水数据专长应用在海上风电行业,将 LNG 的低温技术用于液化氢,将地质学和钻探技术和经验用于碳捕获和储存,将石油和天然气价值链的现有模式应用于可再生能源市场等。

五、壳牌(Shell)

壳牌公司是全球最大的上下游一体化跨国石油公司之一,世界第七大天然气生产商、第一大 LNG 供应商,核心业务覆盖勘探开发生产、油品加工、化工、天然气、发电等领域,实行上下游一体化发展,业务遍及全球 140 多个国家。在百年发展历程中,其不断通过主动调整公司战略,应对危机与挑战。特别是近十年以来,壳牌公司积极应对低油价、能源转型、国际形势变化等问题,一直在能源领域保持全球领先地位。

(一)发展历程

21 世纪以来,壳牌公司将深水油气勘探开发和天然气一体化业务作为两大重点战略支柱。深水及 LNG 被视为油气业务重要的增长接替领域,壳牌公司利用其在技术和规模方面的优势开发出更多具有竞争力的资源,将深水油气勘探开发和天然气一体化业务打造成为公司利润增长和未来发展的核心,带来了较高的资本回报和稳定增长的经营现金流。

深水油气勘探开发被壳牌公司视作发展的核心战略之一。近年来,公司积极在全球范围内的重点地区开展深水油气勘探开发,大力推进巴西、尼日利亚、纳米比亚以及马来西亚的项目,并取得多个发现,深水油气是壳牌公司新增产量的最大来源。

天然气业务在壳牌公司发展战略中经历了从潜在机会到优先发展,再到现金引擎的过程。自 20 世纪 90 年代起,壳牌公司开始发展 LNG 业务,2011年其全球天然气产量首次超过石油产量。目前,壳牌公司已成为全球第一大LNG 供应商,是全球实施天然气及 LNG 发展战略最积极的公司之一。壳牌公司的天然气业务发展具有产业链布局全球化、一体化的突出特点。

2015 年,壳牌公司收购英国天然气公司,契合其发展天然气一体化和深水油气勘探开发两个支柱领域的核心战略方向。一方面,英国天然气公司是全球主要 LNG 生产商和贸易商之一,通过该交易,壳牌公司进一步巩固了其全球第一大 LNG 供应商的地位,并获得了英国天然气公司的多个天然气中下游资产。另一方面,在收购英国天然气公司后,壳牌公司扩大了油气资源基础和产能规模,油气产量提升约 20%、储量增加约 25%,壳牌公司获得了大规模巴西深水产能,资源潜力巨大。通过收购,壳牌公司储量资产、天然气产量、LNG 液化能力、贸易交付能力均得到较大增长,产业链也更加完整,全球布局更加完善。

在当前全球能源结构转型的趋势下,面对社会与环境压力,特别是气候变暖可能带来的深远影响,壳牌公司积极适应变化,引领全球能源转型趋势,2020 年发布"2050 净零"战略,加速推动公司向"净零"碳排放能源产品和服务供应商转型。为此,壳牌公司制定了三大战略目标:① 满足社会对更多清洁能源的需求,在能源转型中蓬勃发展;② 推进世界一流的投资,获得高回报和现金流;③ 始终负责任地运营,为社会做出积极贡献。

(二)资产组合

1. 油气业务

壳牌目前全球净勘探面积为 38 万平方千米,其中深水、超深水占比76%,勘探面积分别为 8 万平方千米和 20.9 万平方千米。2000—2022 年,壳牌在巴西坎波斯、桑托斯盆地大于 1 500 米深水区域作业探井及评价井 37 口,其中 9 口位于水深大于 2 000 米的超深水区域,获得了 Gato do Mato 等 6 个商业发现,总可采资源量 11 亿桶。2022 年,在巴西坎波斯盆地 791 区块 2 900 米水深部署实施 2 口重大探井,未取得商业发现。2022—2023 年,在纳米比亚获得 Graff、Jonker 两个油田发现,水深 2 200 米,预计可采储量 16 亿桶,将在 2030 年进行投产。Stones 油田是壳牌独立作业的位于墨西哥湾 2 900 米水深的油田,于 2005 年发现,2016 年投产,是目前在产的水深最大的油田。

在国际石油公司中,壳牌拥有最大的勘探净面积和最高的勘探费用支出,其注重经济价值而非资源数量,致力于把现有前沿勘探区域项目发展成未来的核心资产,深水仍然是其勘探战略的核心组成。随着国际市场油气需求在新冠疫情后逐渐复苏,壳牌的勘探支出开始反弹,并重新夺回了最大勘探投资者的地位,2022 年初,其在纳米比亚的成功进一步加速了勘探活动。2023 年,壳牌的勘探投资为 30 亿美元,相比 2022 年增长了 7 亿美元。预计至 2030 年壳牌将保持年度勘探投资 15 亿美元,其中 80% 用于核心区域,70% 用于深水领域。

深水勘探在壳牌战略组合中占有重要地位,深水区块面积占壳牌总权益面积的 66%。过去 10 年壳牌深水区域油气发现占总发现的 65%,2023—2025 年投产的深水油气田将占总产量的 40%,这反映了壳牌在深水勘探领域的技术和运营优势。与此同时,壳牌计划降低其现有前沿区域的风险,预计在 2025 年以后不再进入新的前沿国家,勘探活动集中在已有的勘探区块和已发现的盆地。实际上,壳牌现有的勘探资产已经具备类型和地域的多样化,包括前沿和新兴区域的墨西哥、巴西、苏里南、阿根廷、乌拉圭、纳米比亚、南非、圣多美和普林西比,核心增长区主要是墨西哥湾以及英国、文莱、马来西亚、阿曼的近海油田勘探。

快速商业化的勘探发现是壳牌在转型过程中保持盈利能力的支柱。壳牌在墨西哥湾的大型石油发现和马来西亚的大型天然气发现,通过快速处理和回接现有设施,实现了商业化。

为实现核心资产价值最大化,壳牌持续加大对核心区域的资产组合优化力度,制定了原油投资回报率高于 15%,天然气投资回报率高于 11% 的优化门槛。扩展墨西哥湾勘探开发规模,成为在墨西哥湾拥有最大勘探面积的公司,壳牌拟投资新的生产中心,增加新勘探发现的经济性,提高墨西哥湾资产组合价值。在英国第33轮投标中获得18个具有天然气发现潜力的勘探区块,位于西设得兰群岛超深水前沿区,投资在英国以及欧洲的待发现天然气的价值实现能力和价值增长空间。

2. 天然气一体化业务

天然气一体化业务自2012年后成为壳牌全球业务发展的核心领域,除了巩固公司在卡塔尔北方气田和澳大利亚的固有优势外,壳牌陆续并购了除雷普索尔北美地区之外的LNG资产组合,重返特立尼达和多巴哥这一中美洲天然气要塞。利用加拿大页岩气规模优势和低成本优势投资LNG Canada绿地项目,并引入中国石油天然气集团有限公司、马来西亚国家石油公司等国家石油公司锁定亚洲市场。2015年,壳牌趁油价低完成了对英国天然气公司的并购,获得英国天然气公司位于7个国家的LNG资产,并进入东非天然气勘探热点区,天然气产量增长,LNG液化产能增长30%。随着英国天然气公司大量天然气资产的合并,壳牌的天然气生产份额已超过50%。

在并购英国天然气公司后,仅2022年壳牌就向全球市场提供了6 600万吨LNG,占全球总量的16.5%,仅次于卡塔尔能源公司。2023年,壳牌将天然气一体化业务与油气业务结合,并计划在2023—2025年向合并后的业务板块投资400亿美元。其目标为:到2030年,年产能新增11×10^6吨,LNG项目的内部收益率为11%,油气业务为15%,并成为全球LNG贸易的领导者。

壳牌天然气项目的重点区域包括东南亚的文莱和马来西亚、中亚的哈萨克斯坦、大洋洲的澳大利亚;非洲的埃及West Delta Deep和尼日利亚LNG;欧洲的挪威、英国的Jackdaw项目;中东的伊拉克、卡塔尔的NFE和NFS开发、阿曼;拉丁美洲的阿根廷陆上、玻利维亚的Margarita和特立尼达和多巴哥的Atlantic LNG回接项目;北美加拿大LNG项目。其新增LNG产量主要来自加拿大的LNG Canada(5.6×10^6吨/年)、卡塔尔NFE(3.5×10^6吨/年)和尼日利亚LNG(2×10^6吨/年)。另外,预计到2050年,其坦桑尼亚天然气项目将形成30亿立方米/年的产能,但与莫桑比克LNG项目的竞争情况存在较大的不确定性。

（三）发展重点和优势

壳牌公司利用战略引领能力、产业链协同能力、科技创新能力、人才提炼能力四大核心竞争力推动公司转型发展，积极面对能源行业版图的结构性变化，帮助公司多次成功应对危机与挑战。

1. 基于情景模拟分析的战略引领能力

壳牌公司实施的战略管理是一种基于长期发展的思考。要想推进业务成功、实现全球领先地位，壳牌公司需要从一个更为系统全面的视角来考察企业所在的市场环境、业务领域和企业的发展定位。壳牌公司通过"情景模拟"的管理方法体系，帮助公司预判未来能源行业重要的发展变化，以及应该采取的战略举措，确保提前谋划，当变局来临时可以迅速反应。

2019年6月，壳牌公司对业务组合的战略主体进行了调整，确保其业务组合能够更好地适应未来发展环境。新的战略主体聚焦在有助于推进公司能源转型以及未来十年需求保持增长的领域。此外，壳牌公司也提出会继续发展油气业务，包括深水和页岩油气，以满足需求增长，通过提供石油、天然气和低碳能源，强化其在油气行业中的领先地位。

壳牌公司预测，在未来十几年中，油气需求仍将保持稳定。在此背景下，公司在中期不会收缩油气勘探开发业务，而是继续保持稳定的投入水平，产生稳定的现金流。2019—2025年，年均投资额将保持在110亿～140亿美元，占总投资水平的36%～43%。油气投资目标为低成本、碳足迹相对较少的项目。公司承诺：以2016年为基准，到2021年，其销售的能源产品的净碳足迹减少2%～3%，到2035年减少20%，到2050年减少50%。

壳牌公司认为，未来全球能源结构发展的第一大趋势是电气化。目前，终端能源消费只有20%采用电的形式，但将来电气化的比例将达到50%～60%。为了顺应电气化的发展趋势，近年来，壳牌公司围绕电力进行了一系列的投资，强力打造电力业务，从传统电力公司如易阿艾姆（ERM）、第一公用事业（First Utility）等，到太阳能、风能、氢能等新能源公司如阳光资助（SunFunder）、哈斯可（Husk）、蒸玛（SteamaCo）、当代太阳能（SolarNow）等，再到前沿电池系统以及数字化售电系统如新动能（NewMotion）、绿地（Greenlots）、索能（Sonnen）等。目前，电力业务占壳牌公司总业务规模的比例不足1%。但电力业务的投资已占公司每年投资总额的5%～10%，达到20亿美元，公司计划在15年内成为全球最大的电力公司。

2. 以效益最大化为目标的产业链协同能力

壳牌公司将天然气产业链视为其向综合能源公司转型的关键，是公司第一大投资目标，其天然气业务比重一直在国际油气公司中名列前茅。壳牌天然气业务的产业链完整，包括油气田勘探开发、LNG液化厂、天然气管道、LNG运输、接收站、贸易以及终端天然气发电站等。公司内各板块上中下游分工明确，线条清晰。通过实施天然气全产业链发展战略，利用各个环节间的关系提高企业的综合利润。

2021年，壳牌公司油气产量324万桶油当量/天，其中天然气占比50%。公司在全球拥有13座LNG液化厂，权益液化能力超4千万吨，总销售量超7千万吨。到2035年，天然气占油气总产量的比重将提高至75%。对此，壳牌进一步加大投资，年投资金额由2018—2020年的40亿～50亿美元提高至2021—2025年的60亿～70亿美元。

目前，壳牌公司在全球LNG市场的份额为30%，目标是继续保持市场领先地位。公司预计，2018—2035年，LNG需求年均增长4%，为同期天然气消费增速的2倍以上。壳牌公司通过战略性投资打入新市场，开拓如船用和车用LNG的新领域，以及拓展天然气发电，通过投资长期和短期第三方承购合同持续做大LNG销量，确保市场份额。再加上其贸易能力，以及航运和全球电气化接收站网络的布局，使得壳牌公司能够随时根据市场条件，不断优化资源池结构，同时满足客户灵活性方面的需求。

2016年，壳牌公司在原有的天然气一体化板块中增加了新能源业务，建立了天然气一体化和新能源板块，实行单元化管理，将天然气和包含新燃料、新能源发电和终端能源解决方案三大业务的新能源产业作为投资组合推向市场。同时，于2017年5月在下游板块成立了全资子公司壳牌能源，目标定位包括天然气的全球新能源产品和服务供应商。壳牌新能源业务目前主要依托天然气、LNG市场，并同时大力发展电力及其他清洁能源产品，以满足客户当前和未来的能源需求。通过与客户建立良好的合作关系及各部门间有效配合,壳牌公司能够持续地"影响市场,开发市场,落实市场",推动天然气及新能源消费需求的增长,并在市场中占得先机。

3. 目标导向、组织灵活的科技创新能力

壳牌公司十分重视技术研发及其在全球业务中的推广应用,专门成立了技术板块,与油气业务板块并列。公司总部不设立科技管理部门,科技研发独立于业务板块之外,技术板块隶属于公司的研发和技术支持业务。其中,基础性、共享性和前瞻性的技术研发投入主要来源于总部,应用性研究按照市场化原则与业务板块或项目需求方签订技术服务合同,其费用由业务板块和项目公司共同承担。这种集中式的管理模式可以最大程度地贯彻公司战略意图,同时在管理体制和运营机制上按照技术业务线进行纵向专业化管理,通过技术研发和支持体系构建对技术品类进行分类分层,提升对业务的支持效果和创效能力。

壳牌公司推广开放式、跨界的技术创新模式。在此模式下,创新可以来自内部或外部,可以随时随地被吸收和利用,极大地提高了研发效率。特别是在非油气领域的技术创新,壳牌公司主要依靠外部合作,创造"开放创新"平台,鼓励将外部资源带入公司。平台主要包括以下三种:① 颠覆性技术支持平台,负责辨识选取可能带来重大影响的外部创意,形成壳牌专有技术方向,进入内部科技研发通道继续深入研究,或把研究成果出让给壳牌公司以外的技术供应商;② 技术工厂,通过深入了解各业务部门的需求,将其他产业已经经过验证的原型技术应用到能源领域,实现技术快速转化和规模化应用;③ 技术创投,负责壳牌技术风险投资,为初创的科技企业提供发展资金。

4. 资源产品化的人才提炼能力

壳牌公司人力资源的战略性体现在人力资源管理与公司使命、战略的高度契合,使人力资源成为公司战略的重要贡献者和获得并保持长期竞争优势的根本手段,紧紧围绕发展战略,能够有力地支撑、确保公司战略落地。同时,在人力资源规划、招聘、配置、绩效考核、薪酬、员工发展等各个环节中充分体现出人的资源特性,对涉及人员的各项相关要素价值进行科学有效的量化、

评价和分析,将人真正作为一种资源来管理和配置。

组织上,壳牌公司大力推行人力资源业务伙伴,将人力资源人员派驻到各业务板块,参与业务,并为业务提供专业支持和服务,成功实现了人力资源管理重心由日常事务性工作向为业务单元提供支持和服务的转变。壳牌公司格外重视员工的发展潜力及领导潜质,而非学历、专业或其他现有技能。招聘不一定以岗位需要为前提,在全球任何地点发现符合标准的人才均可立即录用,并由总部统一协调人员安排。其目的就是储备人才,建立壳牌公司未来领导的"蓄水池"。

在个人层面,壳牌公司鼓励员工将个人发展与公司需要相结合,通过对员工岗位进行不断调整,实现人力资源动态的最优配置。为确保员工能够事先知悉拟申请岗位的任职要求及自身差距,壳牌公司建立了全球统一的岗位能力模型。按照知识、熟练和掌握三个层次对岗位各项任职条件予以明确。每年员工可对照不同岗位级别的能力模型进行评估,确定能力差距,并通过开展培训、岗位锻炼等定向手段不断提高,打造员工本身这一优质资源。

第二章

国际石油公司能源转型之路

第一章介绍了埃克森美孚、雪佛龙、碧辟、道达尔能源、壳牌这五家国际石油公司的发展历程。这些顶尖国家石油公司通过精心谋划,逐步聚焦、形成并打磨发展其独特优势,打造兼具韧性与弹性的全球资产组合,不断在油气领域巩固和扩大其影响力。从它们的发展史中,我们看到了积极创新、灵活适应、主动调整和有序扩张的发展历程,从早期的石油勘探和生产,到今天的专业和综合能源公司,这些企业在传统能源领域取得了显著成就,也在不同时期的不同发展环境方面体现出了较强的适应能力。

在当今世界,由于全球气候不断变化和可持续发展目标的提出,能源行业面临着前所未有的从依赖化石燃料向清洁、低碳综合能源体系转变的压力。这一转型不仅是对传统能源利用方式的挑战,还是对全球经济、环境和社会结构的深刻变革。

在新形势下,国际石油公司必须适应低碳经济的总体性、趋势性要求,同时保持其在全球能源市场中的竞争力。随着全球能源转型趋势的不断显现、增强,这些公司也面临新的挑战和机遇。为此,各公司采取了不同的路径举措以适应转型需求。这些策略的实施不仅体现了各大石油公司对能源转型的积极响应,还展示了它们在新旧能源体系交替时期的战略灵活性、应变能力和创新实力。随着全球对清洁能源需求的不断增长,这些公司的未来发展方向将更加注重可持续性和应承担的环境责任,同时也将继续在全球能源供应中发挥关键作用。

本章将探讨能源转型的宏观背景、转型现状,并针对各大典型国际石油公司应对能源转型的策略、路径、所取得成果、遇到的挑战和存在的问题进行分析。

面对能源需求的增长和环境保护的双重挑战,国际石油公司采取了多样化的转型策略,包括但不限于:优化传统上游业务,积极布局低碳能源产业,以及加大对可再生能源和清洁技术的投资等。这些公司通过调整资产组合,加强技术创新,以及与政府、社区和其他利益相关者的合作,力求在转型中保持竞争力和市场领导地位,在这场全球性的变局中努力开拓出自身进一步发展的空间。在转型的过程中,国际石油公司也面临着诸多挑战。如何平衡传统油气业务与低碳业务,如何顺应时势灵活调整转型步伐速度,如何提升韧性与可持续性,成为重要的考量因素。此外,国际石油公司在执行转型战略的初期阶段,实际形成的能力、执行效果仍需时间来检验。

本章通过对国际石油公司能源转型实践的深入分析,揭示这些公司在应对全球能源转型挑战时的共同点与差异点,讨论它们在战略选择、投资决策和技术创新方面的异同,同时探讨它们如何根据行业发展趋势和政策环境变化,及时调整机构设置和业务板块,以适应能源市场的新变化,为油气从业者提供一个全面、深入的视角,以理解国际石油公司在全球能源转型中的角色和挑战。

一、能源转型大背景及现状

全球正面临严峻的减碳挑战,尽管各国政府和机构都积极制定了净零排放的目标和法规,但实际碳排放量仍在增加。2022 年,全球温室气体排放量达到了 537 亿吨二氧化碳当量,其中发展中国家的排放量增长尤为显著。此外,全球能源市场受到了多种外部因素的冲击,特别是地缘政治冲突对能源市场产生了深远影响。俄乌、中东等区域冲突频发,不仅会重塑全球能源供应链,还会使能源安全再次成为各国政府制定能源政策时优先考虑的事项。

2023 年底,在阿联酋《联合国气候变化框架公约》缔约方会议第二十八届会议期间,参会国家首次达成了"以公正、有序和公平的方式在能源系统中转型脱离化石燃料"的历史性协议。但目前的政策力度、投资规模、技术成熟度等均不足以支持转型目标的实现。发达国家与发展中国家在减碳节奏上存在显著差异,发展中国家依然依赖化石能源推动工业化进程,促进国家经济发展。煤炭、原油和天然气在全球能源结构中依然占有主导地位。

国际合作与技术创新是自 2016 年巴黎气候协议签订以来持续推动全球减排的关键因素。在这一过程中,不同国家和地区在经济发展水平、能源结构和政策执行上的差异,以及如何平衡能源供应的可靠性、可负担性和可持续性,都是实现碳中和目标的重要考验。

(一)宏观环境

1. 全球减碳目标和现状

尽管全球越来越多的国家承诺在 21 世纪中叶或之后不久达到净零排放,但全球范围内温室气体排放量依然在不断增加。就全球温室气体排放量来说,除 2020 年因新冠疫情严重冲击世界经济导致其史无前例地下降了近 3.7% 外,其余时间均一直在保持稳步增长的趋势。

根据国际能源署发布的报告显示,2023 年全球与能源相关的二氧化碳排放量达到创纪录的 374 亿吨,较 2022 年增加了 4.1 亿吨,增幅为 1.1%。

近年来,由于人类活动的增加,出现了例如洪水、森林火灾等重大的气候事件,这些事件给社会和环境造成了一系列的负面影响,如粮食短缺和森林砍伐等。全球经济体越来越多地承诺追求更大的能源可持续性,从化石能源转向低碳能源,以限制碳排放和对环境的负面影响。图 2-1 展示了全球一次能源需求量与温室气体排放量的关系。

2018 年至 2022 年间,受中美战略博弈、"欧佩克＋"产量调整、新冠疫情、能源转型、俄乌冲突等因素影响,国际油价跌宕起伏,能源行业转型与低碳发展成为油气行业关注的重点。

碳中和目标已达成全球共识,世界各国正把应对气候变化提升至政策议题的核心位置。目前,全球已有 158 个国家和地区宣布了实现净零排放的承诺,这些地区几乎涵盖了全球的经济、人口和碳排放的主要地区。尽管大多数国家设定了直至 2050 年达到碳中和的目标,但这些目标大多尚未转化为具有法律约束力的措施,全球仅有 9 个国家通过立法确立了这一措施,这表明

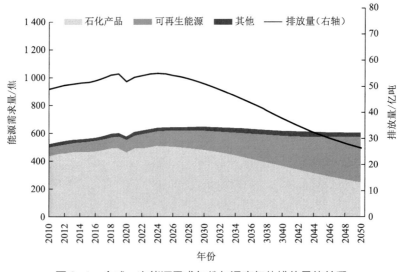

图 2-1　全球一次能源需求年份与温室气体排放量的关系

在实现碳中和的道路上,国际社会的行动力度和法律保障之间存在着差距。

发达国家与发展中国家的碳中和路径存在差异。在碳中和目标的实施上,发达国家和发展中国家之间存在明显差异。例如,瑞典和英国等发达国家已通过立法确立了"净零"目标和相应措施,而中国和印度等发展中国家虽然提出了碳中和目标,但仍然在未来一段时间内继续依赖煤炭等化石能源以保障国家建设。这种差异部分是由于经济发展水平和能源需求的不同,同时也反映了全球在碳减排责任分配上的不均衡。

非洲石油生产国组织秘书长指出,非洲产油国面临着能源贫困的问题,因此,它们需要在解决能源供应的问题后才能考虑转型。加纳和尼日利亚把发展天然气作为减排的主要途径,它们拥有大量的天然气资源,但缺乏投资、设施和技术支持,希望能够引进投资建设输气管道,在非洲内部形成管网,并连接欧洲市场。

印度作为能源消费大国,油气仍然是其核心能源。印度对油气的需求特别是天然气的需求会继续增加,印度石油公司计划增加输气管道、LNG 的投资。在新能源方面,印度将重点发展生物燃料,适当发展氢能。

现阶段碳排放现状与目标的差距较大。全球碳排放总量的上升趋势与国际能源署等机构提出的"净零"排放模型存在显著差距。据国际能源署数据显示,1990 年至 2022 年间,化石能源在全球能源结构中的比例基本稳定在 80%～83%。尽管新冠疫情期间的封锁措施曾一度导致碳排放量下降,但后来随着经济活动的恢复,排放量再次上升。埃克森美孚对 2050 年全球能源展望预测表明,如果能源需求没有重大结构性变化,全球碳排放量将继续增长。根据标普能源展望的分析,在现有的经济发展模式和政策约束下,截至 2050 年,全球碳排放量只能下降至 2020 年水平的 25%。因此,要实现 1.5 摄氏度的温控目标,就需要将碳排放减少 90% 或更多。技术创新将在减少碳排放中起到关键作用。

能源需求与经济结构持续转变。全球能源消费结构的变化反映了不同地区在经济发展和能源需求上的差异。预计到 2050 年,非经合组织国家将占全球能源需求的 70% 以上,而经合组织国家的需求比例将下降至 20% 左右。例如,非洲国家目前面临的最大挑战是能源供给问题,而不是立即实现碳中和。与此同时,欧洲在追求绿色能源转型的过程中,也暴露了其对外部能源存在依赖关系,如俄乌冲突导致能源供应紧张。

国际合作与政策倡议不断深化。2023 年 12 月举行的第 28 届联合国气候变化大会上,各方代表首次就制定"转型脱离化石燃料"的路线图达成共识,这标志着国际社会在碳减排方面的合作进入了新阶段。会议期间,118 个国家签署了《全球可再生能源和能源效率承诺》,目标是到 2030 年将全球可再生能源发电装机量增加两倍。各缔约方已做出承诺,将采取一系列具体措施以加速全球减排进程。这些措施包括计划到 2030 年将全球可再生能源装机容量扩大两倍,同时使全球平均能源效率提升一倍;加快淘汰煤电的步伐,减少环境污染;在全球范围内加速实现净零排放能源系统的努力,以期在 21 世纪中叶前各缔约方能够广泛采用零碳和低碳燃料。此外,各缔约方还承诺,将采取公正、有序和公平的方式逐步淘汰化石燃料,确保 2050 年前实现"净零"排放的目标。

为了进一步推动清洁能源技术的发展,各缔约方还将加速零排放和低排放技术的研发与应用,如可再生能源、核能以及 CCS 技术,特别是在难以减排的行业中推广低碳氢的生产。同时,到 2030 年,将加速并大幅减少全球非二氧化碳的排放,尤其是甲烷的排放,并通过发展基础设施和快速部署零排放及低排放车辆,加速减少交通领域的排放。

在财政政策方面,各缔约方同意尽快取消那些未能解决能源贫困或公正转型问题的低效化石燃料补贴,以促进能源结构的绿色转型。这在联合国气候变化大会历史上尚属首次,标志着在最终协议中加入了控制化石燃料的相关内容,成为第 28 届联合国气候变化大会达成共识和成果中的一个重要突破。

此外,其中有 52 家油气公司签署了《石油和天然气脱碳宪章》,承诺采取具体措施减少甲烷排放并增加对低碳技术的投资,这表明即使是传统能源行业也在积极响应全球减碳的号召。

通过深入分析,我们可以看到,虽然全球在碳减排方面取得了一定的进展,但仍面临诸多挑战。不同国家和地区在经济发展水平、能源需求和政策实施上的差异,以及全球能源结构的长期稳定性,都对实现碳中和目标构成了考验。而国际合作和技术创新将是推动全球碳减排的关键因素。

2. 油气市场的动态重塑

(1)价格波动与供需博弈

2023 年,国际油价经历了高位震荡,尽管总体呈现小幅回落,但依旧保持在较高水平。布伦特和 WTI(美国得克萨斯中质原油)的油价在 65 美元 / 桶至 97 美元 / 桶的区间波动,全年均价分别为 82.3 美元 / 桶和 77.7 美元 / 桶,较 2022 年分别下降了 16.9%和 17.6%。这一价格走势反映了全球经济逐步复苏产生的积极影响,以及沙特阿拉伯和俄罗斯等主要产油国自 2023 年 7 月以来实施的减产措施。

此外,2023 年 10 月巴以冲突的爆发也在一定程度上为稳定油价提供了支撑。与此同时,全球天然气价格相较于 2022 年出现了显著下降。例如,美国 HH、荷兰 TTF 和亚洲 JKM 日韩基准的全年均价分别下降了 60.7%、67.5%和 59.2%,至 2.53 美元 / 百万英制热单位、13.2 美元 / 百万英制热单位和 13.9 美元 / 百万英制热单位。以上数据反映了全球天然气和 LNG 市场在俄乌冲突后正在重建供需平衡。

(2)产能增长和需求变化

经济增长趋势、新能源技术成本竞争力、规模化替代程度等因素共同影响了一次能源的需求结构。根据美国能源署的全球能源展望情景分析模型预测,至 2050 年,化石能源(煤炭、石油、天然气)仍将占据全球一次能源的主导地位(见图 2-2)。新能源尽管成本持续降低,但尚未完全具备与化石能源相媲美的低成本和规模化优势。过快、过激退出化石能源的利用将导致供需错配,引发经济问题,并且会降低社会对能源转型的支持。

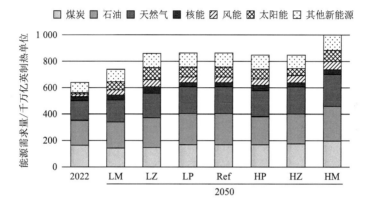

图 2-2　2022—2050 年全球一次能源需求主要情景对比
(LM 为经济低增长情景;LZ 为新能源成本下降 40% 情景;
LP 为低油价情景;Ref 为基础情景;HP 为高油价情景;
HZ 为新能源成本无变化情景;HM 为经济高速增长情景)

在供应端,全球 LNG 产能的增长为天然气市场发展提供了坚实的基础。2023 年,随着莫桑比克 Coral South FLNG 1 和印度尼西亚 Tangguh LNG T3 等重要项目的投产,全球新增 LNG 产能达到 920 万吨 / 年,总产能同比增长 1.4%,达到 4.6 亿吨 / 年。

需求端的变化同样值得关注。欧洲的天然气需求在 2023 年出现了明显回落,同比下降了 7.2%,至 3 941 亿立方米。与此同时,美国和中国的天然气需求则呈现出平稳增长和强劲复苏的态势,分别同比增长 1% 和 7.5%。

新能源在电力领域高速扩张的趋势明显。2010 年至 2019 年,光伏的单位成本大幅下降 85%,风能的单位成本下降 55%,低碳技术的持续创新和快速渗透推动可再生能源发电生产成本持续下降。至 2050 年,新增发电装机量将以可再生能源为主,风电和光伏成为全球新增发电主要来源(见图 2-3)。

(3)地缘政治的影响

随着全球化的深入发展和国际力量对比的深刻调整,我们正步入一个充

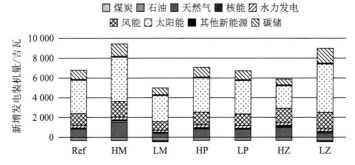

图 2-3　2022—2050 年全球新增发电装机量主要情景对比

满变革与挑战的新时代。国际政治经济格局的演变呈现出前所未有的复杂性和不确定性，特别是地缘政治因素对能源市场的深远影响已经成为全球能源行业不可忽视的关键变量。

自 2022 年初以来，中东、中亚、东欧等地区地缘政治冲突频发，尤其是俄乌冲突这一重大事件，不仅在地缘政治层面引发了连锁反应，还在全球能源贸易格局中掀起了波澜。这一冲突不仅重塑了全球能源供应链，还加速了能源进出口结构的多元化调整进程。西方国家对俄罗斯实施的严厉制裁，以及北溪 1 号天然气管道的爆炸事件，进一步加剧了全球能源市场的供需波动，增加了供应链的不确定性。

面对能源供应的紧张局势，欧洲国家不得不在短期内寻求替代方案，如转向美国、中东、北非等地区进口天然气和 LNG，不惜成本重建能源供应链。同时，发达经济体也在积极采取措施，如计划到 2035 年停止燃油车新车销售，通过燃料替代减少对原油的依赖，并长期推动可再生能源的规模化应用，以实现能源供应结构的根本性转变。

俄乌冲突还触发了全球范围内对"去全球化"趋势的深刻反思。西方国家对俄罗斯的经济制裁和俄罗斯的反制裁措施，如萨哈林 2 号项目的移交、俄罗斯石油公司对德国能源监管机构的法律行动，以及普京总统签署的总统令等，都对国际政治经济格局产生了显著影响。这些前所未有的制裁和反制裁行动不仅在规模、频率和影响范围上达到了极限，还使得与俄罗斯有业务往来的中国公司面临更大的投资运营风险。

此外，中美之间的战略竞争也在不断加剧。美国政界对"零和博弈"的坚持,以及对中国影响力的防范和压制,使得对华制裁手段不断升级。美国政府试图通过加强与北约、欧盟等盟友的合作,采取更为强硬的政策,以重塑国际秩序。

在这一背景下,中东、中亚、南美等油气资源丰富的国家和地区的局部动荡,以及军事政变、经济制裁、货币贬值等多重因素的叠加,进一步加剧了中国公司在海外投资的风险。面对如此复杂多变的国际环境,油气公司在进行海外投资和运营时,战略决策必须更加审慎,充分评估各种潜在风险,并制定相应的风险管理和应对策略。

(4)"欧佩克+"的策略调整

"欧佩克+"作为全球油气市场的关键参与者,长期以来通过调整产量来影响国际油价。其减产策略一直被视为平衡市场供需、支撑油价稳定的有效手段。然而,进入2023年后,"欧佩克+"面临的市场环境发生了显著变化,其减产策略遭遇了前所未有的挑战。

首先,页岩油气革命的持续推进,特别是在美国,大幅提高了非传统油气资源的开发效率和产量。这一变革不仅改变了美国的能源自给能力,还对全球油气供应格局产生了深远影响。页岩油的灵活性和响应速度使得它在油价波动时能够快速调整产量,从而对"欧佩克+"的传统市场影响力构成了挑战。

其次,全球经济的波动和不确定性,特别是在新冠疫情后的复苏阶段,使得能源需求的预测和实际消费模式相对复杂。全球经济增长放缓,以及对能源转型和可再生能源的日益重视,削弱了对传统油气资源的依赖,进一步影响了"欧佩克+"减产策略的效果。

在这样的背景下,2023年11月末,"欧佩克+"在第36届部长级会议上宣布了一项重大决定:在2024年第一季度实施额外的自愿减产,总规模超过600万桶/天。这一决定是"欧佩克+"历史上规模最大的减产之一,旨在通过减少供应来支撑油价。然而,市场对此反应冷淡,油价并未出现预期的反弹,反而整体呈现下跌趋势。

市场对"欧佩克+"减产策略信心的减弱反映了几个深层次的问题:第一,市场可能已经对"欧佩克+"的减产行动产生了疲劳感,认为其效果有限,难以对抗全球经济放慢趋势和长期能源结构的变化;第二,"欧佩克＋"内部的分歧和利益冲突开始显现,成员国之间在减产配额和市场策略上的不一致,削弱了整体的执行力和市场影响力。

特别值得关注的是,安哥拉宣布退出"欧佩克＋"的决定。这不仅反映了"欧佩克＋"内部的裂痕,还可能引发其他成员国的效仿,进一步加剧市场的不确定性。安哥拉的退出可能会影响"欧佩克＋"的产量决策和市场策略,同时也表明成员国在面对全球能源市场变化时,可能会根据自身的国家利益做出不同的选择。

综上所述,"欧佩克＋"在 2023 年面临的挑战不仅是其减产策略效果的减弱,还是全球能源市场格局变化和内部分歧的体现。未来,"欧佩克＋"需要重新评估其在全球能源市场中的定位和策略,以适应不断变化的能源需求、技术进步和环境政策。同时,也需要加强内部协调,确保成员国之间的利益和目标一致,以维护其在全球油气市场中的影响力和话语权。

(二)能源行业转型现状

睿咨得能源管理咨询有限公司研究并总结了能源转型驱动因素会对能源供应结构、终端使用需求、排放和投资四方面产生的深远影响以及关键发现。

1. 新能源市场发展引领全球能源结构转型

太阳能和风能作为成熟的新能源技术,已经展现出强劲的增长势头。中国在太阳能装机容量上的增长尤为显著,2017 年至 2022 年间的复合年增长率达到了 28%,远超全球平均水平(22%)。这一增长主要得益于政策激励和电池技术的进步,太阳能光伏的电能成本相较于传统燃气和煤电已具有竞争力。同时,屋顶太阳能设备由于政策支持和政府激励,未来增长潜力巨大。随着更高效的光伏电池设计面板的推广,将进一步加速太阳能的普及。

风能装机容量的增长也不容忽视,中国在近五年间的风能装机容量增长速度位居世界前列,复合年增长率达到 18%。中国、美国和欧盟的积极政策和激励措施是风能增长的主要推动力。陆上风电继续占据主导地位,但海上风电的发展潜力巨大,预计到 2050 年将占风电发电量的 48%。

氢能作为一种清洁能源,虽然目前发展相对滞后,但由于政策支持和对可再生能源投资的增加,绿色氢气在成本上更具竞争力,为低碳氢能商业化发展创造了条件。灰色氢气由于与石油化工和精炼工艺的紧密结合,目前在市场上占据主导地位。

CCUS 在全球范围内逐渐受到重视。2010 年至 2022 年间,中国的二氧化碳捕获能力增长了 20 倍,整体市场复合年增长率为 3.7%。美国和欧洲是 CCUS 发展的领先地区,主要应用于工业和能源部门,帮助捕捉难以减少的碳排放。政府和国际承诺对运营商施加排放限制或征收高排放关税,推动使用 CCUS 减少排放。政府对 CCUS 项目提供的税务抵免降低了捕获的平均成本,同时低碳氢需求的增加为 CCUS 发展提供了额外的货币化途径。

2. 政策激励、国际共识推动

在经历了俄乌冲突给全球能源市场带来的震荡之后,各国政府对能源的可靠性和可负担性给予了前所未有的关注。投资者对于金额巨大、周期长、风险高的减碳项目存在诸多顾虑,通货膨胀、供应链瓶颈、价值波动等宏观因素也影响投资决策(见图 2-4)。因此,为了稳定投资者的信心并为他们提供明确的投资方向,企业需要政府基金的支持、明确的投资回报或者强势的转型政策。在此背景下,如何在确保能源供应的稳定性和经济性的同时实现向低碳、净零的转型,已成为各国能源政策的核心议题。

2022 年美国推出的《通胀削减法案》正逐渐被全球视为能源行业低碳转型的示范政策。该法案一方面通过给予财税激励,鼓励本土油气企业加大对碳减排技术的投资和应用,从而在主要的油气作业区快速实现净零排放;另一方面为了吸引投资者进入 CCS 以及直接空气捕碳这些关键的减碳技术领域,该法案明确规定了对这些项目 12 年的收入流提供税务抵免。

这一法案并没有采取欧洲政策制定者对化石能源和可再生能源"二选一"的战略。相反,它为不同类型的能源提供了相应的财政和税务支持,旨在构建一个综合、包容的能源体系,确保能源供应稳定性的同时有效控制成本。这一法案不仅体现了对当前全球经济和能源转型形势的敏锐洞察力和高效响应力,还为各国政府提供了一个能够平衡可靠性、可负担性与低碳转型的政策参考模板。

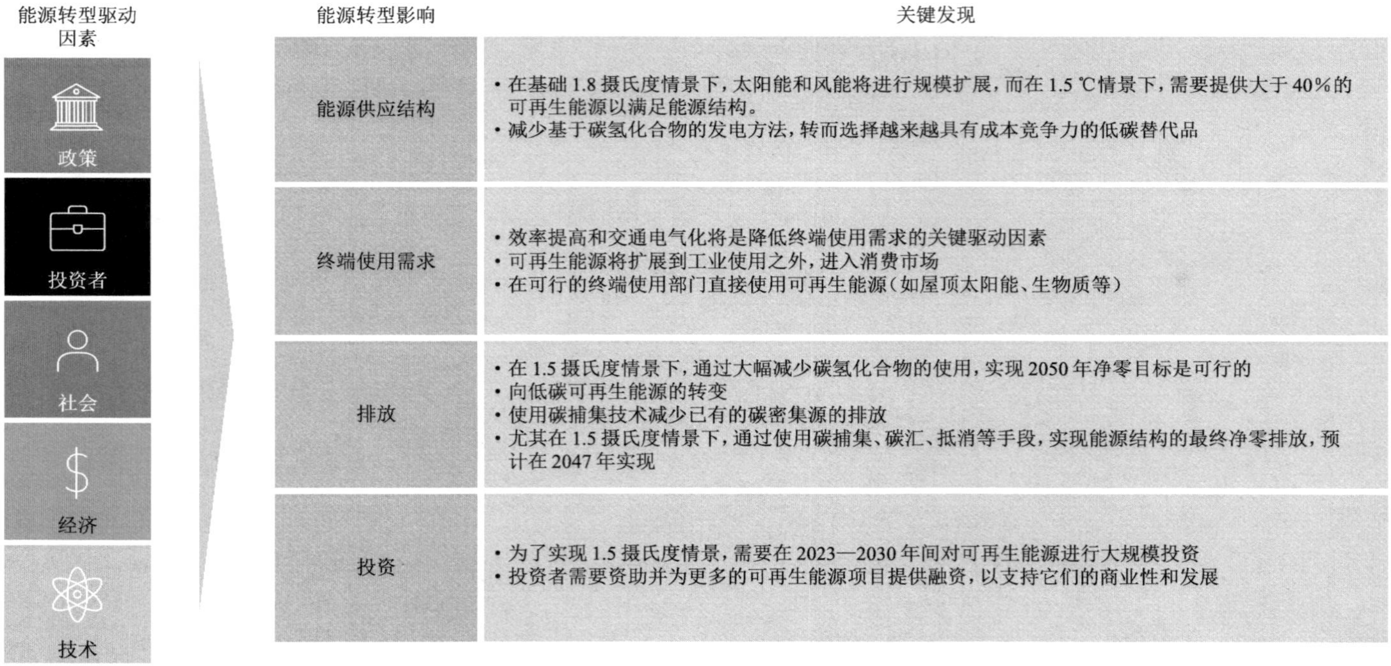

能源转型驱动因素

- 政策
- 投资者
- 社会
- 经济
- 技术

能源转型影响

能源转型影响	关键发现
能源供应结构	• 在基础 1.8 摄氏度情景下，太阳能和风能将进行规模扩展，而在 1.5 ℃情景下，需要提供大于 40％的可再生能源以满足能源结构。 • 减少基于碳氢化合物的发电方法，转而选择越来越具有成本竞争力的低碳替代品
终端使用需求	• 效率提高和交通电气化将是降低终端使用需求的关键驱动因素 • 可再生能源将扩展到工业使用之外，进入消费市场 • 在可行的终端使用情景下可直接使用可再生能源（如屋顶太阳能、生物质等）
排放	• 在 1.5 摄氏度情景下，通过大幅减少化石化合物的使用，实现 2050 年净零目标是可行的 • 使用低碳捕集技术减少已有的碳密集源的排放 • 尤其在 1.5 摄氏度情景下，通过使用碳捕集、碳汇、抵消等手段，实现能源结构的最终净零排放，预计在 2047 年实现
投资	• 为了实现 1.5 摄氏度情景，需要在 2023—2030 年间对可再生能源进行大规模投资 • 投资者需要资助并为更多的可再生能源项目提供融资，以支持它们的商业性和发展

图 2-4 能源转型对全球能源系统和排放的影响

3. 技术进步和创新

在市场和政策的双重驱动下,风能和光伏等低碳、零碳、负碳技术得到了持续发展和创新,进入了高速发展阶段。太阳能和风能作为新能源的两大支柱,其成本效益比的提高使得这些可再生能源与传统能源相比更具竞争力。技术的进步,如光伏电池效率的提升和风力涡轮机的大型化,降低了单位能源的成本,使得新能源项目在经济上更具吸引力。此外,新能源技术的发展推动了能源存储技术的进步,特别是电池技术。随着电池成本的降低和能量密度的提高,储能系统在平衡供需、提高电网灵活性方面发挥着越来越重要的作用。这为太阳能和风能等间歇性能源的大规模应用提供了技术保障,增强了电网的稳定性和可靠性(见图 2-5)。

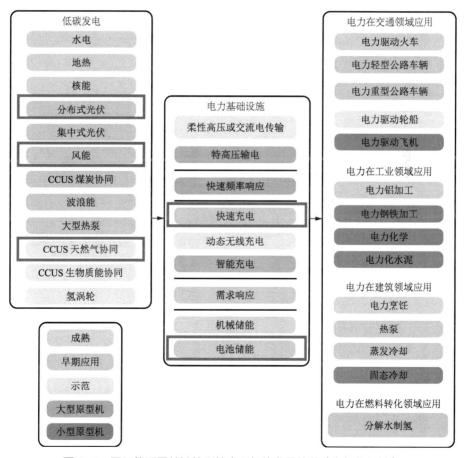

图 2-5　国际能源署关键转型技术所处的发展阶段(电气化领域)

然而,大部分关键转型技术和基础设施建设仍处于早期部署或未经商业化验证的试验阶段。水电、地热、核能等技术因区域性限制难以在全球范围内大规模、低成本地替代化石能源供应系统。因此,创新和突破关键减碳技术是降低现有化石能源供应端碳排放总量和强度的主要手段,同时推动新一代低碳能源系统和基础设施的发展,确保在转型过程中保持"先立后破,稳中有进"的节奏。

4. 企业正成为推动能源转型的核心力量

传统能源行业既是碳排放问题的一部分,也是解决碳排放问题的中坚力量。全球大部分碳排放可追溯到少数"碳巨头",如雪佛龙、埃克森美孚等。这些公司正积极探索低碳转型并设定明确的"净零"目标。以油气行业为例,自 2020 年开始,全球大部分油气公司积极致力于探索低碳转型,并设立明确的"净零"目标和路线图。尽管很多公司提出了在 2050 年实现低碳或零碳的目标,但具体实施计划和中期目标的明确性因公司而异。传统油气企业在向低碳转型的过程中面临着如何平衡传统业务与新能源业务、如何确保投资回报等挑战。此外,欧洲的主要油气公司还关注整个价值链的碳足迹。为了应对这些挑战,油气行业需要采取更加积极和有力的行动,主动调整业务结构,加大投资低碳能源和技术,积极参与全球合作,以适应未来的能源需求。

自 2022 年起,油气行业在低碳领域的投资再创新高,达 200 亿美元,其中生物质能领域投资占比超 97%。除生物质能外,低碳投资集中在可再生能源如光伏、风能等发电领域。2022 年低碳投资占行业总资本投资的 4%,占行业总净收入的 0.5%。

在投资类型上,欧洲油气公司更侧重于可再生能源发电,北美油气公司将 CCUS/直接空气捕捉、低碳氢和生物质能作为优先投资方向。国家油气公司在可再生能源发电和生物质能领域的投资超过欧美同行。在 2023 年世界石油大会上,各大公司强调对各国和地区能源政策保持敏感并善于利用政策优势,对能够获得政府支持和经济效益明显提高的低碳项目,及时启动,从而持续优化公司的投资组合。

5. 发展新能源需创新商务模式吸引投资

新冠疫情复苏和全球能源危机促进了全球低碳能源投资的迅速增长,总额已超 16 000 亿美元,但低碳与化石能源投资比例仅为 0.9∶1,远低于实现 1.5 ℃目标所需的比例(4∶1)。因此,新能源投资面临巨大的资金缺口。在融资方面,绿色债券成为如道达尔能源、碧辟等大型石油公司转型融资的首选,但全球绿色债券发行量在非洲仅占 0.077%。预计到 2030 年,低碳领域投资总额达 150 万亿美元,资金来源面临巨大挑战。此外,高通货膨胀、地缘政治风险和能源转型相关的不确定风险溢价也增加了能源转型项目和公司筹资的难度。

二、国际石油公司能源转型策略和路径

随着全球多个主要经济体先后宣布碳中和计划,推进能源转型升级,以传统油气为主营业务的国际石油公司,正面临来自政府、投资者和消费者的多重环保监管和碳减排压力。此外,国际地缘政治局势复杂多变,地区冲突多点爆发,能源安全问题重新成为焦点。这在一定程度上削弱了各国政府推动能源绿色低碳转型的动力。能源安全与能源转型的交织重塑了传统油气公司未来发展战略。在确保稳定、可负担的油气供应同时,向低碳能源的过渡已成为大势所趋。全球油气公司一方面专注优势领域,做大 LNG 份额,积极优化现有油气资产组合以最大化价值回报;另一方面广泛投资低碳、零碳和负碳技术,拓展新能源业务,分阶段推动"净零"目标的实现。

并购趋势表明,越来越多的公司倾向于成为特定资源领域或者地区的领军者。在战略核心区内,通过管理协同、税务协同和商务模式创新等手段,实现规模化发展,提高生产效率,降低桶油成本和碳排放强度。此外,随着天然气在能源转型中的作用日益明确,国际大型油气公司着力部署天然气和 LNG 资产,位于卡塔尔、美国、阿联酋等国家的 LNG 资产备受青睐。

尽管常规勘探在能源转型初期面临长期需求不确定的严峻挑战,投资和资源发现量显著下降。但深水勘探新项目以其资源规模大、单井产量高、油气发现品质好、先天碳排放强度低并有条件应用绿电、CCS 等技术实现"净零油气"的优势,仍然作为油气公司优化油气业务资产组合成本结构和碳排

强度的关键路径之一。

在转型驱动下,传统油气资产和减排技术以及新能源业务的协同发展正在成为国际油气公司油气业务资产组合优化的重要方向。除了通过并购和勘探在资产组合中增加低碳、低成本优势油气资源外,还可以利用节能改造、绿电替代、零燃除等常规技术手段降低碳排放。同时,结合企业自身的减排技术优势和商务优势,发挥资产所在国减排政策的激励作用,全面考量资产之间的协同性和可扩展性,进而部署 CCS、可再生发电、生物质能等能够降低碳排放的新业务。

(一)能源转型对油气业务的影响

2020 年至 2021 年,全球油气公司在新冠疫情封锁、油价震荡和能源转型三重压力下,各公司调整投资方向,一方面积极顺应"净零"趋势,做大低碳能源资产组合,投资新能源业务和减碳技术,推动"净零"目标分阶段落实;另一方面积极优化现有油气资产组合,最大化价值回报,充分聚焦优势领域,勘探新项目和并购业务相协同,积极抢占 LNG 市场。

1. 油气聚焦优势领域

规模效应在开拓市场和优化产业链的进程中被广泛追捧,但在资本受限的投资环境下,这种模式可能已不再能够适应新的发展需求。看起来表现良好的财务报表和一体化的报告有可能掩盖了大型公司背后低效运营的资产组合。

近几年的并购趋势表明,越来越多的公司更倾向于成为特定资源领域或地区的领军者,而非广泛地持有多元化的投资组合。拥有更为集中的投资组合也能吸引追求"单一业务"的投资者。油砂行业通过一系列的横向整合,所有权高度集中在四大生产商手中。在英国北海,阿科和碧辟、埃尼和高科技视觉(Hitec Vision)之间的公司合并,以及海港能源(Harbour Energy)在英国的几笔数十亿美元的交易将所有权集中在少数几家公司手中。LNG 领域的集中度一直较高,多数被国际大型能源公司共同持有。高额的资本支出、专有的技术和有限的机会池,使得该领域将持续保持较高程度的整合。在深水领域,尤其是绿地项目仍是国际大型能源公司的专利,壳牌、埃克森美孚和雪佛龙仍然致力于保持领先地位。

（1）区域布局方面：市场已基本形成共识，国际能源公司应致力于在有限的区域和国家深耕细作，而非广泛地在全球布局。相关举措包括碧辟退出冈比亚、马达加斯加等国多数前沿勘探区块；埃克森美孚退出在英国和挪威北海的资产，并尝试退出赤道几内亚、伊拉克、罗马尼亚等国；艾奎诺从 2017 年资产分布的 30 个国家至今已缩减为 15 个国家，且已宣布将进一步退出爱尔兰、墨西哥、尼加拉瓜、阿根廷和澳大利亚等国家能源市场；许多欧洲公司撤出美国非常规油气资产等。同时，仅有少数公司在新国家布局，且多以勘探为主。随着国际能源公司纷纷集中布局，行业内也逐渐形成各区域的领军企业。由于税务协同、管理协同等区域优势的形成，这些企业受到了资本市场的青睐。

随着各公司集中区域布局、建立核心地位，与资源国政府间的关系对在区域内精耕细作、深化发展布局变得更为关键。碧辟利用其在核心区域的地位，获取了更有利的资源和条件，例如，签署阿塞拜疆 ACG 项目延期的框架协议、阿布扎比 ADCO 合同延期等。道达尔能源和埃尼石油公司则善于利用其在非洲地区的政府关系。其中，道达尔能源成功获得安哥拉 20/21 区块，并延长其现有的产品分成合同。它在伊拉克和利比亚的交易也实现了在满足当地政府需求的基础上的"双赢"。

壳牌确定了未来油气资产开发主要聚焦于墨西哥湾、巴西等 9 个重点区域，这些区域的投资占比将超过油气总投资的 80%，提供超过 80% 的油气运营现金流。对于部分区域如埃及和菲律宾的陆上业务，壳牌将直接撤资。道达尔能源将巴西、西非、东非等区域作为其重点发展区域，2020 年剥离了成本为 50 亿美元的油砂和北海资产。埃克森美孚出售了低效的海上油气田区块、中东技术服务合同区块。雪佛龙计划剥离尼日利亚、委内瑞拉、印度尼西亚、澳大利亚等非核心区域的资产。

（2）资源类型方面：在全球双碳政策的发酵下，各公司对不同业务类型的布局也逐渐清晰。首先，各公司一致认为天然气将在能源转型中占据重要地位，并加强天然气资产布局。过去五年中，以天然气为目标的资产组合优化举措包括：壳牌通过收购英国天然气公司成为最大的上中下游一体化 LNG

生产商;碧辟通过早期与科斯莫斯的交易进入塞内加尔深水 LNG 项目、获取埃及 Zohr 项目的非作业权益、并购必和必拓位于美国的陆上气资产等,与此同时,碧辟还逆向操作出售了位于阿曼 Khazzan 气田的部分权益,表明其在实现资产价值和资产组合优化两者之间达成平衡;道达尔能源则在 LNG 全产业链布局,通过北极 LNG 2、莫桑比克 Area 1、Engie 公司 LNG 资产等一系列并购动作,一举成为全球第二大 LNG 生产商。

其次,低成本深水资产更受市场青睐。在 2014 年油价暴跌之后,国际大石油公司通过重新梳理深水项目,采取简化设计、设备标准化、压低油服成本、共用已有设施等措施,已大幅降低了深水油气田项目建设成本。国际大石油公司逐步把油气业务重心转向低成本、高回报的深水资产。

壳牌深水油气资产的现金流贡献约占整个油气业务的 50%。2019 至 2025 年的年均深水投资占油气总投资的 70% 以上。壳牌未来几年推进的墨西哥湾和巴西海上大型深水项目均是高回报项目,盈亏平衡油价甚至低于 30 美元/桶。埃克森美孚在 2021 年初表示,其油气投资的 90% 将用于加快发展在圭亚那、巴西的深水油气资源,在每桶 35 美元或更少的盈亏平衡油价下预期将产生 10% 的回报。

道达尔能源得益于其全球领先的深水勘探和开发技术,将深水油气田视为未来油气增长的主要组成部分。预计到 2028 年,道达尔能源深水和浅水项目将占公司新增资源量的三分之二。2023 年,雪佛龙以 600 亿美元全股票交易收购赫斯,其资产核心即处于目前全球热点的圭亚那深水油气,价值占整体交易额的三分之二以上。该项交易以交易日赫斯股价溢价 5% 初步达成协定,反映了国际石油巨头及大型国际石油公司对深水类常规油气资产的高度青睐。

同时,各公司逐渐收缩勘探新区块投资。随着能源转型的推进和低碳能源对市场占有率的提高,大多数国际石油公司认为全球范围内石油和天然气的需求和产量将逐步缩减,乃至停止对勘探新区块的投资。壳牌曾预计其产量将以 1%~2% 的速度递减到 2030 年,到 2050 年降低 40% 以上。壳牌持续减少勘探投入,2015 年投入了 22 亿美元,2018 年投入了 20 亿美元,2020 年投入了 17 亿美元,2025 年将降至 15 亿美元,占油气总投资的 18%。

壳牌明确短期勘探策略:未来五年主要在现有的生产项目附近进行勘探,以实现快速开发;选择性投资新兴盆地和限定的前沿区。壳牌中长期勘探策略:扩大核心区勘探;关注有油气发现的新兴盆地;在 2025 年后将不会再进入新的前沿勘探区。与壳牌类似,碧辟到 2030 年后,将不再进入新的国家开展勘探业务。

此外,某些特定资源类型在国际能源公司资产组合优化的进程中逐渐被边缘化。除了剥离资产组合中效益低下的成熟资产外,能源公司在投资回收期、技术难度及碳强度方面都更趋于保守,不愿承担风险。涉及复杂技术或仍处于发展早期的资源类型,如煤层气、酸气、GTL、浮式 LNG 等,已不在能源公司偏好的投资范围。科斯莫斯试图出售位于西非的 Greater Tortue 资产权益。此外,国际能源公司已基本全部撤出油砂领域,目前仅有雪佛龙和埃克森美孚仍持有部分权益。除油砂外,其他高碳排放资产也在各公司处置列表中。

随着资产组合结构的调整和整合,国际能源公司所持有的资产数量更少、更集中、更优质。许多公司在其最新的战略中强调对长尾资产的处置,并设定资产处置的阶段性目标。但这并不代表国际能源公司将完全不再参与并购,而是更加注重战略引领并严格把关资产质量。近期的并购多集中在两类:① 强化对现有资产的控制,例如碧辟增持印度尼西亚东固和 Culzean 的资产权益,卢克石油增持阿塞拜疆 Shah Deniz 的资产权益;② 为了阻止新进入者,或在交易条件较优的前提下行使优先权,保障现有资产权益,例如澳德赛的 Sangomar 交易、壳牌的 Shearwater 交易、艾奎诺的 Caesar Tonga 交易。

2023 年,国际油气市场迎来了近十年来最为强劲的一年,共完成了 202 宗交易,交易金额高达 2 335 亿美元,这一数字创下了自 2013 年以来的最高纪录。在这些并购活动中,大型国际石油公司扮演了主要参与者的角色,其交易金额占比超过 60%,显示出其在资源获取和市场布局上的坚定决心。

在 2023 年的并购浪潮中,埃克森美孚对先锋自然资源的收购以及雪佛龙对赫斯的收购尤为引人注目,这两宗交易的金额超过了 500 亿美元,被视为"超级并购"。

埃克森美孚收购先锋自然资源是对它在美国页岩油气资产的一次重要

补充。这一举措不仅加强了公司在美国二叠纪盆地等核心产区的领导地位，还通过整合资源，提高了运营效率和成本效益。同时，此次收购使埃克森美孚在强化其传统油气业务的同时，也为其资产组合增加了更多高回报、低风险的资产，这有助于公司在能源转型期间保持财务稳定和市场竞争力。

雪佛龙收购赫斯标志着巩固、升级它在油气领域的传统优势地位，并使其产品更加多元化。雪佛龙最为看重的是赫斯两大核心资产，一是位于南美洲圭亚那近海区域的 Stabroek 油田。并购后，雪佛龙将接手赫斯在该区域享有的 30% 开采权。二是美国巴肯地区的油气资源，该地区是美国当前第一大天然气产地、第二大石油产地，在油气领域的地位举足轻重。完成并购后，雪佛龙在巴肯地区的开采面积将扩大至 46.5 万英亩（1 英亩 = 4 046.86 平方米）。此次合并有利于提升雪佛龙的长期业绩，并通过纳入世界一流资产进一步增强公司的优势投资组合。

这些并购活动不仅增加了公司的油气储量，提高了能源供应的安全性，还为这些国际石油公司在新能源技术和市场领域的拓展提供了资金和资源。这种前瞻性的战略布局将有助于油气公司在全球能源市场中保持竞争优势，为实现全球能源的可持续发展做出积极贡献。

2. 业务发展与现有资产协同

（1）勘探新项目方面：国际能源公司针对其业务特点对勘探战略做出了相应调整，重点部署重大探井、重视深水勘探、收缩核心区域、依托现有资产寻求协同。各公司对周期较长的勘探项目投资逐渐减少，而更多地关注能够快速获得回报的项目，对已证实的成熟盆地的关注度增加。但这也并不意味着完全停止了在前沿盆地的勘探活动，只是投资占比和关注度均有所降低。

埃尼一直被认为是在勘探领域非常成功的公司，其风险偏好也在逐渐发生变化。在 2012—2016 年间，埃尼超过 50% 的探井均在前沿盆地，而其目前的勘探战略中仅有 15% 的井在前沿地区布局。碧辟也已宣布不再进入新国家开展勘探业务，并及时退出了许多项目。壳牌目前专注于在大西洋两岸现有区块的钻探，且预计 2025 年后将不再进入新国家。埃克森美孚和雪佛龙仍将继续进行全球勘探，且更加注重控制投资和快速商业化。

（2）并购及处置方面：国际能源公司的资产组合优化主要是通过并购和

处置来实现。在新形势下,并购和处置将持续成为优化资产组合的关键途径。虽然面对一些国际能源公司降低油气投资的长期目标,并购活动将会减少,但资产组合优化和处置的动作将会持续甚至加大,各公司的非核心资产将会陆续出现在市场上。同时,各公司也在积极通过并购增加其核心资产的权益,提高资产管理和决策效率,提升资产价值。各公司在其核心区域和业务领域仍有一定的增长需求,其中道达尔能源表现得较为积极。但从油气行业的整体趋势来看,处置将会是未来中长期的主要方向。

此外,各公司也积极优化股权结构,加快资产重组。在国际能源公司的黄金时代,大部分资产直接由母公司持有。而当前的趋势是将资产分拆后由不同公司持有,母公司仅持有股权。这种方式在税务、股息、市场估值和筹融资能力等方面均有获益。

面临转型新趋势,分拆企业更有助于实现公司的减排目标。例如,碧辟与俄罗斯石油公司进行了一系列交易,目前碧辟仅持有俄罗斯石油公司不到20%的股权。2021年第三季度,碧辟所持有的股权贡献近40%的产量,但其排放量却未计入公司报表。其他成功的分拆案例包括北海地区的阿科碧辟和瓦尔能源 Var Energia,均以优化资产组合为目的,结合各自所长达到更优的经营效果,股权估值大幅上升。

同时,行业中也陆续出现了一些区域合资企业案例,以更好地吸引资本市场投资。比如,碧辟和埃尼在安哥拉的合资、必和必拓油气业务和澳德赛合并等。

（3）勘探新项目和并购业务协同方面:在新形势下,有效的业务协同是各公司降本和创效的重要措施。雪佛龙通过在东地中海地区参与埃及的公开招标以及并购诺贝尔能源公司,实现了勘探新项目和已发现资源并购的协同。马来西亚国家石油公司和卢克石油同样在巴西和里海地区分别采取了并购和勘探联动的方式拓展业务。勘探新项目协同已发现资源机会,更有利于公司在新进入国家立足并进一步实现有机增长。

通常,在一个地区或国家有大型发现后,作业公司会通过权益转让或减持实现资产快速变现,这将吸引一批后进者进入该地区。与此同时,资源国政府将开放更多的勘探区块来吸引投资。这种模式给有意进入该地区的公司提供了并购和勘探联合的机会。例如,在埃及的 Zohr 气田被发现后的政府公开招标,以及在苏里南道达尔能源入股 Apache 区块后的政府公开招标。2021 年的交易中甚至有既包含开发和勘探阶段的油气资产,又包含新能源资产的综合交易。由此可见,能源公司在新形势下的业务发展越来越注重综合协同。

3. "净零"目标对全球勘探的影响

随着新冠疫情后逐步解封,埃尼、壳牌、道达尔能源分别在非洲和拉美的前沿、新兴盆地获得多个重大勘探项目的成功,显示了勘探作为油气资产组合优化的关键发动机,不仅能够从源头以较低的进入成本获取低碳、高品位的油气资源,实现增储保产和"净零"目标,还能为公司剥离高碳排资产赢得腾挪空间。

从 2011 到 2020 年全球常规勘探十年趋势分析来看,2016—2020 年勘探和评价总投资 1 570 亿美元,较 2011—2015 年高油价时期的 4 050 亿美元减少了近 60%。投资减少导致勘探发现资源量减少,根据伍德麦肯兹全球勘探趋势数据显示,2016—2020 年累计勘探原油发现 420 亿桶,天然气发现 320 万亿立方英尺,其中商业化原油发现 264 亿桶,商业化天然气发现 92 万亿立方英尺。2016—2020 年商业化原油发现量比 2011—2015 年的 340 亿桶减少了 22%,商业化天然气发现量比 2011—2015 年 225 万亿立方英尺减少了 60%。商业发现成功率由 2011 年至 2015 年的 14% 降低至 2016 年至 2020 年的 10%。而与此同时,全球油气产量除 2020 年外持续稳步增长外,2016 年至 2020 年,原油商业发现储量替代率仅为 16%,天然气也只有 14%。毋庸置疑,如果勘探投资持续低迷,油气行业的储量可能难以避免进入"坐吃山空"的状态。

根据中国石油经济技术研究院《2050 年世界与中国能源展望》(2020 年)"参考情景"分析,全球原油需求会在 2035 年前后达到峰值,约 51 亿吨,2050 年降至 48 亿吨(仍比 2021 年 40 亿吨高 20%),亚洲和非洲经济发展、人口增长、城镇化和工业化都会推动原油需求增长。供应端则随着全球在产油田产量衰减,待开发油田新增产能有限,勘探新发现原油的贡献越来越大。在 2050 年世界原油产量中,来自勘探新发现油田的比重为 31.7%,如果没有勘探待发现的高品质原油接替,将不得不依靠致密油、油砂、超重油、液化天然气、非常规油气等高碳排放来填补未来原油需求。

这些高碳排的油气将极大影响"净零"目标。天然气作为实现低碳转型的现实选择,全球层面需求持续增长,但成本低、受地缘政治影响较小的商业化天然气供应可选项屈指可数。艾奎诺"净零"模型结果进一步显示,2021年至2050年全球商业化油气预计缺口总计为2 830亿桶和60万亿立方米。这其中既包括已发现但受制于市场、基础设施等瓶颈无法开发的油气项目,也包括需要新发现低碳、低成本、商业化潜力好的高品质油气项目。

西树公司(Westwood)在2016—2020年大中型目标探井统计显示,原油依然是常规勘探的主要目标。2016—2020年完钻的大中型目标探井中,以原油为主要勘探目标的占比70%;2021年完钻的探井中,以原油为主要勘探目标的占比上升至80%。虽然过去五年60%的勘探新发现储量为天然气,但油气公司钻前勘探目标仍以价值较高、投资回报较快的原油为主。深水和新兴盆地为热点勘探领域。2016—2020年,深水勘探活动占比44%;2021年,深水勘探活动占比46%。疫情期间对圭亚那—苏里南盆地、巴西大坎波斯盆地、墨西哥博格斯等新兴盆地的勘探力度加大,2021年上述新兴热点盆地占据了全球大中型目标探井的50%。

成熟盆地新区、新领域勘探力度增加。2019—2021年成熟盆地新区大中型目标探井占比35%,比2016—2018年增加了10%,主要位于西西伯利亚南喀拉—亚马尔次盆地、刚果深水区、北海等基础设施较为完善、接近市场的地区。在产油气田周边勘探力度增加。2016—2020年,在生产油田附近勘探投资占总勘探投资的50%,较2010—2015年增加了10%。因此,已建成生产中心周边的勘探机会在低油价和不确定的外部环境下会更具商业竞争力。

纵观全球油气行业发展史,油气公司通常选择在低油价期间战略收缩至成熟油气产区,以油气规模发现较小但投资低、商业化较快的周边勘探为主,最大化现有作业效益;在高油价期间战略扩张,通过在深水、超深水、极地等前沿领域开展新区勘探打开有利区带,建立新的油气生产基地和盈利增长点。在能源安全和能源转型双重影响下,油气资产组合优化和评价都需要考量如何在新区勘探和新能源业务之间选取投资新的价值增长点。

通过对欧美油气同行"净零"目标和转型路径的分析,我们发现埃尼和埃克森美孚常规勘探创造高价值,是公司油气资产组合降本减碳的核心发动机,会继续通过勘探从源头打造"净零发现"满足"净零"目标的要求。2021年,埃尼在科特迪瓦盆地深水区 Baleine 获得大型油气发现,其商业可采资源量达 7.5 亿桶油当量,这不仅证实了科特迪瓦境内深水区域的勘探潜力,打开了新的勘探区带类型,还通过节能减排、联合国发展中国家减少森林砍伐和森林退化的碳排放及增强森林碳储存机制等综合措施成为非洲首个"净零"原油开发项目。埃克森美孚则主要利用公司在碳捕捉和收集技术的全球领先优势,旨在将圭亚那项目和美国二叠系盆地的核心资产升级为"净零油气"。

壳牌和道达尔能源常规勘探依靠纳米比亚 Graff 和 Venus、南非 Brulpadda 和 Luiperd 等前沿盆地大型作业者实现"逆袭"。两家公司在 2016—2020 年低油价期间获取了大量勘探区块,并积极部署全球勘探作业。未来两年,壳牌将在墨西哥、圣多美西林群岛、阿根廷等深水前沿区部署 9 口大中型目标探井,其中 6 口为作业者项目。道达尔能源在西南非海岸和圭亚那—苏里南盆地前沿—新兴区全方位包围战略终见成效,为公司打开两个十亿桶级别"净零"油气中心。

碧辟常规油气勘探十年中,投资回报率在 50 美元～60 美元/桶的低油价情形下,与公司资金使用成本基本持平,当油价升高至 70 美元～80 美元/桶时其盈利水平依旧有限,未能对冉冉升起的新能源业务构成竞争威胁。由于油气勘探成效较差,碧辟经营作业范围已退回至现有战略核心区。根据 2021 年战略展望显示,碧辟在墨西哥湾、巴西、阿塞拜疆、俄罗斯、安哥拉、澳大利亚、印度、印度尼西亚、特立尼达和多巴哥、埃及等还有多个待钻目标。

2020 年以来受到疫情封锁和油价波动的影响,全球勘探区块收购和招标活动显著减少,在美国以外的 74 个勘探区块收购交易主要集中在圭亚那—苏里南、西南非海岸、墨西哥博格斯等盆地。相比疫情之前前沿盆地收购交易活跃的情况,近两年收购交易更集中在新兴、成熟盆地,特别是北海盆地,总计完成 36 个交易。壳牌在苏里南、墨西哥、南非、阿根廷收购进入 5 个前沿和新兴勘探区块,其中进入中国海油墨西哥四区块的交易价格最高,拿出了

30%的权益,显示了壳牌对墨西哥新区的勘探信心。

2020—2021年关注度较高的苏里南浅水、巴西17轮、埃及勘探区块招标中,依旧是壳牌表现最为突出,在苏里南获得1个区块,在巴西桑托斯盆地增加5个区块。道达尔能源拿下苏里南浅水区2个区块,埃尼、碧辟获得埃及尼罗河盆地深水区2个区块。

此外,传统油气项目和新能源及低碳技术的协同正在成为油气公司布局勘探新项目的考虑因素之一。2021年,在墨西哥湾浅水区块招标中,埃克森美孚、碧辟、壳牌等获得多个区块,主要动力正是以较低成本进入未来CCUS项目集中发展区域,实现油气能源协同、"净零"开发。

2022—2023年,欧美油气巨头在全球部署了58口大中型目标探井,其中有21口位于墨西哥和巴西,6口在圭亚那—苏里南盆地,8口在北海,5口在莫桑比克海上。沉寂了两年的非洲前沿深水勘探重新回到焦点,2022年1月壳牌在纳米比亚深水前沿区宣布商业可采资源量7亿桶的超大原油发现(Graff),道达尔能源也几乎同时宣布了超10亿桶级原油发现(Venus),这两个发现极大提振了业内对西南非海岸盆地深水前沿区域勘探的信心。作为能源转型急先锋之一,壳牌在2020年斥资1亿美元打包收购了科斯莫斯退出的6个位于大西洋两岸前沿盆地和新兴盆地的勘探区块,并附加每获得一个商业性油气发现再额外支付5000万美元、1亿美元封顶的商务条款。埃尼获得西非Baleine轻质油发现后,在东非Lama盆地、Angoche盆地和莫桑比克前沿盆地还有多口义务勘探井。

由此可见,即使全球勘探面临能源转型带来的不确定性,欧美油气巨头对资源量规模大、单井产量高、油气发现品位好、先天碳排放强度低,并有条件应用CCUS、绿电等低碳技术等实现"净零"开发的勘探新项目趋之若鹜。以较低的进入成本获取有潜力发现大中型油气的机会,依然是优化油气资产组合成本结构和碳排放强度的关键路径之一。

4. 重视天然气勘探开发,抢占全球LNG市场

天然气全产业链发展不仅是一种竞争优势,还具有抗风险能力。在高油价时代,天然气资产对石油公司的盈利水平会造成不利影响,然而随着全球对气候变化日益重视,天然气已经成为石油公司应对转型挑战和减排要求的

支撑能源。打造完整的天然气产业链是石油公司向综合能源公司转型过渡的关键,是多家国际石油公司第一大投资目标。壳牌、碧辟等国际石油公司在大力提升油气中天然气资产占比的同时,还不断开拓 LNG 市场,扩大 LNG 产能,保持稳定的投资。

(1) 天然气是推动绿色低碳发展的战略性资源

天然气出口国论坛发布的《2050 年全球天然气展望》显示,全球天然气需求将从 2020 年的 3.84 万亿立方米增长到 2050 年的 5.625 万亿立方米,增幅为 46%。天然气在全球能源结构中的份额将从 2020 年的 23% 增加到 2050 年的 27%。亚洲等发展中经济体对天然气发电和工业用气需求持续攀升,强力支撑管道气和 LNG 需求。同时,天然气发电所提供的低碳、低成本、灵活性和可靠性等优势也使得天然气成为支撑欧美地区可再生能源发电的最佳选择。随着能源转型的推进,作为清洁能源之一的氢能在全球能源需求结构中占比持续扩大。碧辟在 2020 年能源展望中预计至 2050 年氢能在全球能源需求中的占比将达到 10% 或 18%。其中,以天然气为原料的蓝氢,以其生产成本低、技术相对成熟等特点在油气公司低碳转型规划中占据一席之地。

相对于对天然气需求的长期看好,在天然气供给方面,随着全球现有在产天然气项目产量的递减,以及 2015 年后低油价对一体化天然气项目的严重打击,全球天然气可供应产能持续收紧。伍德麦肯兹 2021—2050 年全球天然气供需缺口分析显示,至 2050 年预计需要额外 2 030 万亿立方英尺新增商业化天然气资源才能满足市场需求,其中既包括在建产能 195 万亿立方英尺,也包括有商业化潜力但尚未最终投资决定的天然气发现 964 万亿立方英尺、勘探待发现 573 万亿立方英尺,以及受制于技术、市场、基础设施等多种因素商业化前景相对较差的天然气机会。

随着俄乌地缘冲突引发天然气断供危机,欧洲各国开始不计代价地寻找俄气替代气源,低油价期间因商业化前景较差被搁置的天然气项目重新回到油气同行的天然气投资组合中。以东非海上区域为例,艾奎诺和壳牌重启和坦桑尼亚政府的谈判,推进坦桑尼亚深水绿地 1 000 万吨 / 年的 LNG 项目。

(2) 国际大型石油公司天然气资产组合增长策略

随着气候变化政策和"净零"战略重要性日益突显,国际大型石油公司

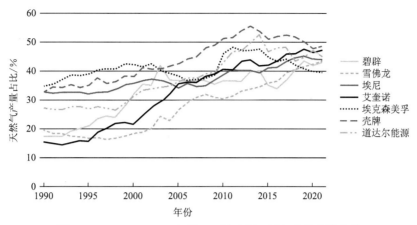

图 2-6　1990—2020 年国际石油公司天然气产量占比趋势

增加天然气的储量和产量份额已是大势所趋。如图 2-6 所示,1990 年,雪佛龙、碧辟和艾奎诺在其投资组合中的天然气份额均低于 20%。而到 2020 年,天然气产量在大多数国际大型石油公司的油气产量占比都超过 40%。

各家油气巨头提高天然气业务占比的增长路径各有不同,其中壳牌和道达尔能源以一体化天然气为发力点,通过自营项目、股权投资和第三方贸易占据了 2020 年全球 LNG 市场第一和第三的位置;埃克森美孚和雪佛龙则充分利用美国和加拿大页岩气优势,而近几年在海外天然气项目部署上较为保守;意大利埃尼公司发挥常规勘探优势,通过在埃及、莫桑比克、印度尼西亚等国家的超级天然气发现实现了天然气占比迅速增长。

壳牌的天然气业务比重一直是国际石油公司中最高的,目前天然气产量占碳氢化合物总产量的 50%。壳牌计划不断提高天然气资产的比例,增加投资扩大产能。2020—2025 年,天然气一体化项目年投资额保持在 40 亿美元。计划到 2030 年,天然气在碳氢化合物产量中所占份额由 2020 年的 47% 上升至 55%,到 2035 年进一步上升至 75%。壳牌通过优化存量,投资增量,进一步扩大 LNG 产能,紧跟市场需求的增长速度。一是持续优化现有 LNG 产能,确保开工率在 90% 以上;二是构建强大的 LNG 项目储备,采用多样化供应方式。

壳牌计划确保年均 40 亿～50 亿美元的投入水平以扩大 LNG 产量,目标是到 2025 年左右实现 700 万吨 / 年的产能。壳牌通过收并购争夺 LNG 市场。2015 年,壳牌通过收购英国天然气公司扩大了其第一大 LNG 生产商的领先优势。目前,壳牌在全球 LNG 市场的份额为 22%,壳牌的目标是保持住世界第一大 LNG 供应商的地位,并通过打入新市场,开拓如船用和车用 LNG 的新领域,以及拓展天然气发电,持续做大 LNG 销量,确保市场份额。

道达尔能源将天然气作为公司投资排序中的首位,是其战略核心资产,近年来,其先后进入俄罗斯亚马尔、澳大利亚 Icthys、美国 Cameron、北极 LNG 2、莫桑比克天然气项目等。2005 年,天然气在道达尔能源生产结构中占比仅 35%,2019 年占比已达 52%,道达尔能源计划 2035 年将天然气产量占比提升至 60%。2017 年,道达尔能源通过收购法国 Engie LNG 天然气资产,成为全球第二大 LNG 供应商。2020 年,道达尔能源投资了 16.6% 权益给墨西哥太平洋海岸 Energia Costa Azul LNG 项目。2021 年,道达尔能源与中国申能集团签署协议,将每年向申能集团供应 140 万吨 LNG。

埃克森美孚通过公司和资产并购增加天然气份额。1999 年末,埃克森公司与美孚公司合并。埃克森公司以原油开发为主的投资组合与美孚公司的天然气项目相结合,提升了埃克森美孚公司天然气资产比例。此后,埃克森美孚也重点投资长周期的绿地一体化天然气项目,如 PNG、LNG 项目等,以保持其天然气份额。2010 年,公司以 370 亿美元并购了克洛斯提柏,使其天然气份额在投资组合中占比增加了 8%,达到 44%。之后虽然因其在美国页岩油资产的开发和圭亚那原油产量的增加而使得天然气份额减少,但仍保持在 40% 左右。

雪佛龙聚焦澳大利亚和东地中海天然气核心区。雪佛龙公司的天然气份额主要来自其在澳大利亚各 LNG 项目投资,除 Gorgonhe 和 Wheatstone 的天然气发现外,在 2005 年还通过并购优尼科公司获得了其在澳大利亚的多个 LNG 资产权益,使其天然气资产份额大幅提升。2020 年,雪佛龙并购诺贝尔能源公司,获得以色列 Leviathan 和 Tamar 深水天然气项目作业者的权益。与此同时,雪佛龙新项目团队也通过招标和政府谈判等手段在埃及尼罗河盆地深水区和红海盆地前沿区拿下数个勘探区块。东地中海作为周边地区的天然气供应核心区,天然气项目商业化前景乐观,成为雪佛龙国际业务新的产量和利润增长点。

埃尼依靠自主勘探接连获得超级天然气发现。2001 年至 2020 年间,埃尼总计新增 88 个天然气作业项目,其中自主勘探发现 69 个。2011 年后埃尼陆续在东地中海、莫桑比克深水区打开多个前沿勘探区带,新增 80 万亿立方英尺商业化天然气资源,并在印度尼西亚、越南、中东、北海、北非等成熟盆地累计获得 10 万亿立方英尺勘探商业化发现。自主勘探的成功不仅有力支撑了埃尼未来天然气产量稳步上升、保障低碳转型目标落实,还在当前欧洲天然气危机中有能力从现有组合中调配 14 万亿立方英尺天然气储量尽快上产。

（3）海外天然气业务拓展方式的探讨

总结各家石油公司的天然气业务发展方式,主要有以下三种。

① 并购拥有一定规模天然气资产的石油公司。该方式的优势在于一旦并购成功,可以快速达成提升天然气占比的战略目的,特别是对大型石油公司效果明显。但该方式的难度和不确定性也较大。在寻找潜在目标上,一方面难以找到契合公司战略和资产组合需求的目标公司,另一方面近期高油价环境下,天然气价格走势强劲,此类公司出售的意愿普遍不强。另外,即使能够达成交易,在目前新的国际政治经济环境下,后期也要考虑整合的投入和难度。

② 并购天然气资产权益。相比于并购公司,并购单一天然气资产权益的优势在于潜在目标较多,交易结构简单,成交可能性相对较大。但同样受到近期高油价和气价的影响,目前愿意出售天然气资产的潜在卖家不多,而且多数为开发早期项目且商业化不确定性较大。

③ 自主勘探获得天然气商业发展。其优势在于资源获取成本低,通常远低于前两种方式。但该方式的成功很大程度依赖于勘探成功率,这就要求公司要做好重点区域地质研究,能够筛选出适合的盆地和区带,并获取足够的勘探区块实施勘探作业,以增加勘探成功率。另外,此方式的见效时间较长,需要进行长期规划。

（二）积极布局低碳能源产业

在各国纷纷提出"碳达峰、碳中和"的减排目标背景下,油气行业正面临前所未有的新挑战,同时也在积极响应转型。在新的能源格局下,国际能源公司加快了战略调整和自我革新,如何优化配置有限的资金和资源成为新形势下资产组合优化的核心,不同公司采取了差异化的实现方式。下面主要介绍不同石油公司的转型战略和低碳实践,以及石油公司在低碳转型方面的商务创新和价值增长点。

1. 国际石油公司转型战略

各公司转型目标和战略分化主要体现在三个方面:① 减排目标和范围不同。欧洲公司更为激进,且设定 2050 年全范围"净零"的目标,而北美公司相对保守,仅在直接排放和间接排放层面设定减排目标。中国石油、中国石化未设定明确的直接排放和间接排放减排目标。② 低碳投资业务领域不同。几乎所有石油公司都投资 CCUS、低碳燃料和氢能,但欧洲公司更重视可再生能源发电业务。③ 投资预算不同。欧洲公司的低碳投资预算更明确,精确到年,长期有比例规划。北美公司仅有总量,强调投资时机与回报率。中国石油、中国石化则仅定性表达加大低碳板块投资的意向。

(1)欧洲全球一体化公司

欧洲公司更偏向于业务重组和加大新能源领域投资力度,以完成公司整体结构和战略的转变。相比于美国公司,欧洲公司的新能源业务分布地区更广、涉及领域更多。部分走在前沿的欧洲公司通过业务重组消除传统油气业务与新能源业务的差异以完成转型。同时,欧洲公司对新能源和清洁技术的投资力度增幅更大,更倾向于有机结合油气和电力为主的公用事业价值链。过去几年中,欧洲公司主要通过聚焦核心高回报油气资产、加速新能源投资商业化开发,以及跨行业的高效资本配置,以实现其综合能源资产组合的优化。

然而,俄乌冲突引发的"欧洲能源危机"本质是地缘冲突放大了欧洲能源转型过程中固有的结构性矛盾,即无法兼顾能源安全、廉价和绿色的"能源的三元悖论"。在这种背景下,油气价格,尤其是电力价格快速攀升并保持高位,欧洲各国政府对油气开采的态度也因能源独立的紧迫性而发生改变。之前备受气候变化问题压力的欧洲石油巨头相继表示将减缓能源转型步伐,增加在未来 10 年资产组合中对油气资产,尤其是对天然气业务的投资占比。

第一,能源转型步伐减缓,化石能源投资比重回升。2023 年 6 月 14 日,壳牌宣布,将增加 LNG 的产量,并取消每年石油 1%～2% 的减产目标,将现有石油产量维持到 2030 年。壳牌首席执行官瓦埃尔·萨万表示:"削减石油和天然气产量将是危险和不负责任的,这样就会像我们去年看到的那样,生活成本将再次飙升。"壳牌在其公告中提出,2030 年前,将在油气业务上维持约每年 130 亿美元的资本支出。

壳牌在加拿大等地建设 LNG 工厂,计划到 2030 年将 LNG 年产量提升至 1 100 万吨,大约相当于全球最大 LNG 进口国(日本)15% 的需求。同时,壳牌的石油日产量目前维持在 150 万桶左右。公司计划在 2030 年前持续开发墨西哥湾油田,维持现有石油产量。

壳牌的能源转型目标是到 2030 年,实现直接和间接排放相对 2016 年减少 50%,截至 2023 年底,已减少 31%,2050 年实现净零排放,2023—2025 年投资低碳行业 100 亿～150 亿美元。

在风电领域,壳牌 2021 年对美国光储开发商萨维恩(Savion)的收购是国际石油公司对可再生能源领域最重要的企业收购之一。2022 年公布的巴西 17 吉瓦海上风电开发计划是大型可再生能源领域全球最重大项目之一。此外,2022 年 12 月,壳牌和荷兰电力公司伊奈克(Eneco)还赢得了荷兰 760 兆瓦海上风电开发的投标。

过去十年壳牌长期耕耘 CCUS 业务,现在拥有两个主要在产项目:加拿大 Quest(100 万吨 / 年,10% 的股份),以及澳大利亚 Gorgon(400 万吨 / 年,25% 的股份)。在挪威,壳牌是蒙斯塔德运营试点技术中心以及北极光(Northern Lights)合资企业(150 万吨 / 年,33.3% 的股份)的合作伙伴,该合资企业已于 2024 年 9 月投产。2021 年,壳牌设定了到 2035 年将 CCUS 产能提高到 2 500 万吨 / 年的目标。这个具体数字在 2023 年被淡化,但壳牌保留着大量的最终投资决定前项目管道,总增量工作权益能力为 940 万吨 / 年。

此外,壳牌还同步推进着以下项目:加拿大阿尔伯塔省 1 000 万吨 / 年的阿特拉斯枢纽项目、150 万吨 / 年的英国南威尔士工业集群和中国 1 000 万吨 / 年的大亚湾项目。壳牌在项目总数方面领先于其他大型石油公司,在全球 40 多个 CCUS 项目中建立了合作伙伴关系,其中近 70% 位于欧洲。

蓝氢和天然气加工是壳牌运营 CCUS 计划的重点组成部分。在加拿大阿尔伯塔省的奎斯特工厂,二氧化碳是通过蒸汽-甲烷重整的燃烧前胺基工艺捕获的。澳大利亚的高更 CCS 项目是从大戈尔贡气田的天然气加工中捕获二氧化碳,这些气田的二氧化碳浓度高达 14%。

氢气和化工产品生产是壳牌未来 CCUS 项目中最突出的碳来源,约占待最终投资决定项目总数的一半。壳牌将通过 75 万吨 / 年的北极星 Polaris 项目发展其在加拿大阿尔伯塔省的 CCUS 业务,该项目将从 Scotford 炼油厂和化工厂捕获二氧化碳。氢气和化工产品生产碳来源在其他拟议的地点也占有重要地位,如英国 Acorn 项目的总捕集能力超过 200 万吨 / 年,荷兰 H-Vision 项目的总捕集能力为 400 万吨 / 年,南威尔士工业集群的总捕集能力超过 560 万吨 / 年。

在中国,大亚湾石化区也可能成为 CCS 中心,拟议的总捕集能力为 1 000 万吨 / 年。壳牌还通过 2020 年开发的壳牌蓝色氢气工艺在蓝色氢气领域进行了创新,这是一种获得专利的非催化技术,可减少对进入工艺的天然气进行预处理的需要,从而降低工艺复杂性和资本支出。

从 2023 年到 2025 年,壳牌将投资 100 亿至 150 亿美元来支持低碳能源的发展,其中每年将投资 10 亿美元于清洁氢能和 CCUS 项目。到 2027 年,一部分还将用于每年生产 100 万吨的氢基可持续航空燃料。壳牌投资的 17 个氢能项目位于荷兰、德国、英国、瑞典、美国、加拿大、中国、印度、巴西和阿曼等国。17 个项目中的 5 个将使用 CCS 生产 32 万吨 / 年基于化石燃料的氢气,而其他 12 个项目将使用电解槽生产 25 万吨 / 年绿色氢气。最成熟的项目位于荷兰、德国和英国。壳牌在氢气生产方面最大的单笔投资是其在 25 吉瓦绿色能源阿曼项目中获得了 35% 的股份,该能源将使用可再生能源生产绿色氢气。

通过入股 17 个项目,而不是将氢气生产作为一项独立业务进行发展,壳牌正在分散其投资风险。荷兰的 NorthH2 项目和阿曼绿色能源项目为投资组合中风险最高的项目,而荷兰的 Holland Hydrogen 1 项目风险最小。

壳牌正在扩建其低排放加氢站,包括生物燃料、氢气、LNG 和生物 LNG,在欧洲和北美拥有 50 多个氢气零售点,其中有 9 个零售点,壳牌允许客户通过碳信用等方法抵消碳排放。壳牌符合条件的低碳运输资本支出涵盖电动汽车充电和氢能出行,从 2021 年的 1.18 亿美元飙升至 2022 年的 3.46 亿美元。此外,符合条件的氢能资本支出从 2021 年的 1 100 万美元增加到 2022 年的 1.39 亿美元。

尽管壳牌在可再生能源和低碳领域进展迅速,但持续的低回报投资意味着其需要油气业务的高额盈利。壳牌近期更新了其能源转型战略和资本配置计划。在 2025 年的新计划中,壳牌对运营目标进行了修订,降低了对低碳运营的目标要求,提高了中长期石油和天然气的产量预期。

2023 年 2 月 7 日,碧辟发布了最新一季财报,并表示,俄乌冲突导致的供应中断推高了石油和天然气价格,带来了创纪录的高额利润,该公司将在未来十年内放缓削减油气产量的步伐。这将使碧辟的排放量高于此前的承诺水平,但在俄乌冲突的背景下,该公司表示无法忽视世界各国政府要求提高产量的呼声。

碧辟此前宣布在 2030 年前其石油、天然气产量将比 2019 年削减 40%,然而,近年来,这一降幅已经缩小至 25%,同时也放弃了炼油产能缩减的目标。2020 年,碧辟制定了激进的产量削减计划,即从 2021 年起油气产量每年下降 3%～5%,到 2025 年降至 200 万桶／日,2030 年进一步降至 150 万桶／日,较 2019 年减少了 40%。然而在 2023 年 3 月新修正的转型计划中,碧辟将 2025 年和 2030 年削减后的油气产量目标分别上调至 230 万桶／日和 200 万桶／日;在炼油产能方面的目标则完全放弃,此前计划到 2025 年将产能缩减到 150 万桶／日以下,2030 年进一步缩减到 120 万桶／日。

在投资方面,碧辟重新增加对油气业务的投资。2023 年,碧辟预计投资额为 160 亿～180 亿美元,略高于 2022 年实际投资额(163 亿美元)。在修正计划中,2024—2030 年的投资额从先前公布的 140 亿～160 亿美元调整为 140 亿～180 亿美元,更大的区间和更高的投资上限给碧辟未来根据市场变化灵活调整投资规模预留了空间。油气业务再次成为碧辟新增投资的重点领域,公司计划在 2030 年前每年增加投资超过 10 亿美元,试图扭转在 2016—2021 年油气领域投资逐年缩减、勘探投资大幅下降导致的增长前景低迷的困境。

第二,低碳业务更趋务实,调整目标,减缓投资增速。碧辟曾经公布向综合性能源公司迈进的新战略,将"替代能源和新业务模型的增长"设为重要中期战略目标,将"全面参与能源转型"设为长期目标,并计划在 2050 年或更早之前成为净零排放公司。为实现新战略目标,公司执行路径的重点是引入新的财务框架和资本配置方法,在 2030 年前每年在新能源领域投资 50 亿美元,参与一系列开发太阳能、氢能和生物燃料的合资企业。

碧辟还表示,将增加电动汽车充电站,以及与城市和公共设施行业建立合作伙伴关系。在 2023 年 3 月的能源转型战略修正中,碧辟提到将降低未来十年减排目标,放缓低碳转型节奏,将 2025 年减排目标从与 2019 年水平相比减少 20％调整为减少 10％～15％,2030 年减排目标从减少 35％～40％调整为减少 20％～30％。

碧辟在新能源行业几经反复,2011 年碧辟宣布退出经营 40 年之久的太阳能领域,并削减风电业务;2014 年低油价时期宣布不再为可再生能源发展设定新目标。战略转变出现在 2017 年,随着欧洲各国纷纷出台燃油车禁售时间表,进一步抑制本土原油需求,碧辟发布新战略,提出"推进上下游业务增长,逐步向低碳业务转型"的指导思想,聚焦高回报的油气项目,强化核心油气业务竞争力,同时通过风险投资等方式推动可再生能源业务发展。

不同于碧辟在 2000 年至 2010 年间试图以自主制造太阳能光伏板发展清洁能源业务的做法,资产和公司收购成为碧辟迅速做大可再生能源业务资产组合的重要手段。

2017 年,碧辟收购欧洲最大的太阳能开发商莱特索斯公司(Lightsource)43％的股份,从而回归太阳能业务,并借助莱特索斯在太阳能领域开发和管理的专业知识和经验,迅速向美国、印度、巴西等地区进军。在风电领域,碧辟收购了美国夏洛特维尔风能公司(Charlottesville)、绿光能源(Greenlight)、奥里昂能源(Orion)等公司的全部或者部分股权。2018 年,碧辟宣布与特斯拉合作建设风力发电储能项目;2019 年,碧辟在巴西成立生物燃料合资工厂。

随着 2020 年全球疫情暴发导致原油需求大跌,市场对长期原油需求的展望出现重大分歧。碧辟进行了战略转型和组织机构重组,从专注于生产油气资源的传统石油公司转变为提供解决方案的综合能源公司,并宣布到 2050 年实现"净零"碳排放,持续大幅减少碳排放,加速低碳业务转型。转型战略聚焦三大业务领域,即有韧性的油气业务、低碳电力和能源、便利零售和移动出行。作为实现公司 2050 净零目标的关键行动,碧辟承诺大幅消减油气业务投资,剥离或出售部分油气资产权益。公司原油日产量由 2019 年的 260 万桶 / 日降至 2025 年的 150 万桶 / 日,并且不会在尚未开展油气活动的国家进行勘探。

值得一提的是,作为英国本土仅存的一家全球化能源公司,碧辟在英国大本营的投资规划重现增长,如利用海上风电场和旗下太阳能业务生产清洁能源,积极配合英国政府打造北海超级能源盆地;启动苏格兰地区绿氢和蓝氢制造,把握 CCS 带来的机会等。

为了强化战略执行力度,碧辟在宣布转型的同时也对组织架构进行了大刀阔斧的改革。公司设计了全新的四大业务板块、三大集成部门和四大职能部门。业务板块和集成部门的设置与三大业务领域和三大能力领域相互呼应。业务板块包括生产运营、天然气与低碳能源、客户与产品,以及数字化创新与工程,对应新战略中提出的三大业务领域和一个能力领域。集成部门则对应新战略中提出的两大能力领域和可持续发展框架。

作为较早启动能源转型的石油巨头之一,壳牌也在放缓新能源业务扩张,并计划剥离某些电力资产。在新冠疫情开始前,壳牌的战略计划是开发新能源业务,重点发展低碳能源(风电、太阳能和天然气)和新燃料(生物燃料、氢);除石油、天然气和化工三大支柱以外,发展"第四大支柱",即电力;碳排目标是将主要温室气体在 2050 年以前达到净零。

壳牌计划 2021—2025 年每年为新能源投入 20 亿～30 亿美元,加大对新能源投资力度和可再生能源发电、电力驱动和生物燃料等方面的科研投入,并积极在传统石油以外更广泛的能源供应领域重新部署品牌。但自 2023 年以来,由于市场环境艰难以及回报不佳,壳牌正计划逐步出售在英国的能源销售公司,并退出英国、德国和荷兰的零售能源市场,并计划剥离某些收益水平较差的电力资产,且将对可再生能源项目进行选择性投资。

道达尔能源转型战略未有明显变化,其通过选择合适伙伴大举并购开展合作,而非单打独斗进入新领域的模式使其在低碳全产业链中快速扩张。道达尔能源多元化发展低碳业务呈现两大特点。一是以收并购和建立合资公司为主,实现在低碳领域的快速扩张。在光伏发电、风能发电、充换电业务上多采用收购的方式进行,通常收购在某一领域具有领先地位的龙头企业;在生物燃料、降碳等业务上多通过建立合资公司共同开拓新市场新领域,降低风险和成本。二是打通低碳业务上下游间的衔接,实现全产业链减碳。如收购充换电站后,该充换电站的供电由公司自身的光伏发电公司提供;制氢项目所需的电能来自公司自身的光伏发电,同时制造出来的氢提供给公司的生物炼厂用来生产生物质燃料。低碳业务之间能源的互供互补能够最大程度地减少碳排放,创造协同创效机会。

埃尼曾发布一项长期战略计划,旨在将公司的油气资产转型为天然气占比85%的资产组合,并计划在2050年前逐步开发大于55吉瓦的可再生能源资产组合,同时解决整个价值链的温室气体排放问题。为实现这一目标,该公司于2020年6月把业务板块分为自然资源和能源发展,反映新的能源战略。

艾奎诺的转型战略主要在利用其自然优势,开发公司的海上风力发电能力和CCUS,同时挖掘向其他可再生能源领域扩张的机会。2011—2019年,艾奎诺已投资约30亿美元践行海上风电战略,于2017年建成并投入使用全球第一个漂浮式海上风电场,且于2019年中标开发全球最大的海上风电场项目。该公司计划继续投入海上风电建设,为成为全球"主要海上风电公司"奠定基础。此外,艾奎诺持续关注并投资南美太阳能项目,积极开拓能源新兴领域的机会。

雷普索尔是第一家提出2050年实现净零排放承诺的能源公司,其战略意图旨在继续加强其在西班牙低碳业务中的地位,利用其全球版图向新市场扩张。雷普索尔的脱碳路径明确,油气业务注重价值创造而不是产量,并且优化天然气比重,下游业务将可再生能源整合到传统炼油业务中,从而为工业提供清洁燃料。雷普索尔公司在2020年与新能源相关的资本支出约为7.5亿美元。

第三,抢占全球LNG市场,天然气成为油气公司转型过渡的首选。天然气是国际社会公认的相对清洁的能源,受到国际石油公司的青睐,提高天然气业务和资产比重也是诸多国际石油公司追求的业务战略目标。

道达尔能源用实际行动表明,其能源转型步伐更为务实和稳健,即通过发挥天然气作为过渡能源的特殊作用,在保证公司经营效益的前提下,稳步降低资产组合碳排强度。2023年6月,道达尔能源提出在美国建设一个LNG出口终端的计划,同意购买该项目及其开发商的股份。同时,道达尔能源还与沙特阿拉伯讨论投资新的大型天然气项目。

2018—2022 年间,道达尔能源一边逆周期购入大量天然气、LNG 等资产,一边大手笔出售油气勘探生产和炼油与化工业务相关资产。近年来,道达尔能源参与的俄罗斯亚马尔 LNG 项目、澳大利亚 Ichthys LNG 项目顺利投产和增产,同时收购了阿纳达科莫桑比克 LNG 项目等。道达尔能源通过自主开发和收购相结合,快速提升 LNG 液化能力和销售能力。2021 年,LNG 权益产量为 1 740 万吨,销售量为 4 200 万吨。公司提出将在 2020—2025 年间实现 LNG 增产 40% 的目标,将重点投资莫桑比克 LNG、俄罗斯北极 LNG 2、尼日利亚 LNG 和墨西哥 ECA 等项目。

壳牌也将重点放回天然气业务方面。在其公告中,壳牌提出 2030 年前,油气业务将获得每年约 130 亿美元的资本支出,其中石油业务投资增加 8%,天然气业务领域投资增加 17%。为了增加天然气产量,壳牌加入了埃克森美孚公司和康菲公司的行列,参与投资卡塔尔超大规模的北方气田扩建项目。

（2）美国全球一体化公司

以埃克森美孚和雪佛龙为代表的美国石油公司依然专注于其已具备专业技术和能力优势的传统油气业务。这些公司没有过多涉足新的能源领域,而是致力于降低其现有业务的碳足迹。他们主要通过强化资本配置、优化作业效率和供应商管理加强投资组合抵抗油价及碳价风险的能力,通过处置和并购实现价值变现和资产组合结构再调整。

与欧洲石油公司相比,美国石油公司立足本土油气资源优势,通过技术创新、管理效率提升等手段增加二叠纪盆地致密油产量。对于埃克森美孚和雪佛龙而言,打造低成本、高回报的油气资产组合依然是战略重点,同时通过部署碳捕捉和收集技术、购买可再生电力等配套低碳解决方案,推动油气产业链实现净零排放。

第一,美国石油公司在油价上升中获益,继续坚持油气主导战略。根据 2022 年财报显示,美国石油公司通过稳健的能源转型政策实现了相较同行更为丰厚的投资回报,欧洲和美国的大型一体化石油公司的股价和市值进一步拉大。北美的埃克森美孚股价累计上涨了 50.89%,雪佛龙上涨了 25.83%。但是欧洲的壳牌和道达尔能源的股价仅分别上涨了 13.57% 和 9.26%。

2022 年 12 月 9 日,埃克森美孚宣布未来 5 年的公司资本支出计划,将年度资本支出维持在 200 亿至 250 亿美元,以增加能源供应,满足全球需求。根据公司规划,超过 70% 的资本投资将部署在美国二叠纪盆地、圭亚那、巴西和全球 LNG 项目的战略开发上。到 2027 年前,油气日产量预计增加 50 万桶,达到 420 万桶油当量,其中超过 50% 的产量将来自上述关键增长地区。同时,埃克森美孚将通过技术创新和负碳技术项目降低公司资产组合的碳排放强度。预计与 2016 年相比,到 2030 年传统油气业务温室气体排放强度将降低 40%～50%。

第二,投资聚焦美洲核心区域,剥离海外边缘资产。在之前油价下跌期间,为应对油气市场低迷的整体环境,埃克森美孚采取了包括剥离非核心区域资产、释放资金、聚焦核心区域资产等一系列措施。埃克森美孚目前可采储量约 360 亿桶油当量,主要分布在北美洲(55%)、中东(17%)、拉丁美洲(11%)和大洋洲(7%)四个核心区域。其中美国本土储量占近 35%,是油气发展的绝对核心。

为聚焦核心区域发展,埃克森美孚 2019 年提出通过 5 年时间剥离 250 亿美元资产,从该计划提出至 2022 年上半年,共完成 96.3 亿美元的资产处置。其中欧洲地区非核心资产(如英国、挪威、德国和罗马尼亚)为 65.6 亿美元,占处置总额的 68.1%。此外,东南亚(印度尼西亚和马来西亚)和非洲(乍得、赤道几内亚和尼日利亚)等地区的资产也均受到影响。通过上述举措,埃克森美孚退出了欧洲油气业务,释放资金投入其重点核心区域的油气田开发,包括圭亚那和巴西的近海深水项目,加拿大、阿根廷、哥伦比亚的重油业务,以及美国本土的二叠纪页岩油项目。通过聚焦核心区域优质资产,实现快速投资回收和资产盈利。

埃克森美孚在深水油气领域持续发力,大力发展位于圭亚那的深水油气资产,深水油气产量比例预计将在 2025 年增加到 11.9% 左右。2023 年 4 月 27 日,圭亚那环境保护局宣布批准 Uaru 海上油田开发项目,预计 2026 年投产,目标产量 25 万桶/日,是埃克森美孚在圭亚那主导的第五个投资超过 10 亿美元的海上油气开发项目,也是近几年埃克森美孚专注美国二叠纪盆地、南美圭亚那等核心目标战略区并获得良好经营效果的具体表现。

雪佛龙在 2022 年全球油气产量的占比下降了 3%,且更加依赖于美国本土的页岩油气。自 2019 年以来,雪佛龙已出售阿塞拜疆、丹麦、英国和巴西等国家的油气资产,但一直持有部分距离美国本土较近的国际油气资产,节省的资金投资于美国页岩油气业务。2023 年 5 月 22 日,雪佛龙宣布与独立页岩油气生产商 PDC 能源公司达成协议,以 76 亿美元的高价并购后者全部股票及债务。通过交易,雪佛龙将获得皮蒂希(PDC)能源在科罗拉多州超 27.5 万英亩的区块面积和 21.6 万桶油当量/日的产量,以及在二叠纪盆地 2.5 万英亩的区块面积和 2.8 万桶油当量/日的产量,进一步巩固其美国本土二叠纪盆地和丹佛—朱尔斯堡盆地的页岩油气资产核心"阵地",增加本土页岩油气业务的规模效应。

第三,公布净零排放目标,上中下游协同降碳。2022 年 1 月,埃克森美孚在《推进气候解决方案 2022 进展报告》中宣布到 2050 年实现运营资产净零碳排放,涵盖范围 1(公司自身生产过程中产生的碳排放)和范围 2(公司买来的原材料在产生过程中的碳排放),并表示将在 2022 年底之前发布主要业务减少碳排放的"路线图",预计可应对大约 90% 与运营有关的排放,其余 10% 将在 2023 年完成。

从减排范围上看,埃克森美孚最新的减排目标仅限于来自其运营资产的排放(范围 1 和范围 2),而不包括来自燃烧其销售燃料的排放(范围 3)。而根据报告发布的数据显示,在其 2020 年碳排放结构中,范围 1 和范围 2 仅占 15%,另 85% 来自范围 3。

埃克森美孚认为,随着世界经济特别是新兴国家的经济复苏,全球能源需求在未来 20 年还将持续增长,油气业务仍将占公司业务的重要比重。从油气业务各板块上看,2020 年公司运营资产的碳排放(范围 1 和范围 2)中,油气业务板块占 45%,中下游板块占 55%,其中炼油板块占 35%,化工板块排放占 20%。

对于油气业务板块,埃克森美孚的降碳策略主要围绕控制油气业务投资、聚焦核心区域、加强技术创新等方面开展。其对油气业务的投资进一步向核心地区和有利区块集中,缩小勘探开发范围,更加注重对现有基础设施完善、回收周期短、成本低、碳排放密度低的区块拓展,同时通过技术创新、优化技术组合大幅降低碳排放强度和生产成本。

对于中下游板块,埃克森美孚的降碳策略主要围绕优化炼化业务结构、淘汰落后低效产能、设备改造优化升级、强化节能减排能力以及提高清洁能源比例等方面展开。埃克森美孚预计全球商业运输燃料、高档润滑油基础油和成品润滑油的需求会持续增长,并计划未来的中下游投资主要集中在高端化工产品领域。

第四,投资负碳技术,推动 CCS 大规模商业化。埃克森美孚专注碳捕集和排放领域先发优势,推动 CCS 大规模商业化应用,同时大力发展锂矿勘探和开发。与欧洲石油公司相比,埃克森美孚在能源转型方面以坚定发展油气业务为主体,通过 CCS 等技术规模化和商业化应用,实现传统油气业务的"低碳化",并通过传统油气业务创造良好的现金流,为降碳新技术的研究、应用及推广奠定坚实基础。

埃克森美孚拥有超过 30 年的 CCS 技术研发和工程实施经验,累计捕集超过 1.2 亿吨二氧化碳,占全球 CCS 项目总捕集量的 20%。在全球范围内,埃克森美孚每年封存二氧化碳约 900 万吨,其中约 740 万吨被注入该公司位于怀俄明州的 Shute Creek 地层。

2023 年 7 月 13 日,埃克森美孚宣布斥资 49 亿美元收购总部位于得克萨斯州的登伯里公司。该公司主业为提供碳排放解决方案,拥有 CCS 技术并持有一部分二氧化碳管道资产,通过整合优化,每年实现减排超 1 亿吨。

在欧洲,埃克森美孚正在联手壳牌和液化空气、化学方面的专业公司共同推进一项投资规模达 21 亿欧元的荷兰 CCS 项目。荷兰政府补贴和合作伙伴的分担将降低项目风险及可能的损失。

埃克森美孚在 2021 年曾表示 CCS 将成为公司实现减排目标的主要手段,并计划在 2022—2027 年向低碳领域投资 150 亿美元,最近的一系列举措正是在具体落实其 CCS 宏大战略。

(3)区域型和独立勘探开发公司

区域型和独立勘探开发公司专注于自身在油气勘探开发领域的优势地位,通过剥离全球非核心资产,并购本土核心资产的方式优化资产组合结构,聚焦优势资源强化布局,在油气并购市场普遍低迷的当下以较低成本获取了大量优质资源。在能源转型方面,区域型和独立勘探开发公司倾向于将天然气资产作为降低资产组合平均碳强度的过渡能源,在油气勘探领域不断扩展天然气资源的市场份额。

第一,剥离非核心石油业务,致力于天然气勘探开发。意大利油气公司埃尼转型规划显示,2030 年天然气在油气总产量的占比将从目前的 53% 提高到 60%,2050 年将超过 90%,同时在中长期减少石油产量。大规模增加天然气资产比重是埃尼实现转型目标的重要举措。

埃尼将其在刚果的多个非核心石油许可证权益转让给独立油气生产商帕兰科(Perenco),交易对价约 3 亿美元。在退出非核心石油业务的同时,埃尼强调将继续致力于开发刚果天然气资源,特别是 LNG 项目。埃尼在刚果已有 50 多年的发展历史。在供应安全和能源转型方面,该国都是埃尼重点关注的投资地。2023 年 4 月,埃尼和刚果政府启动了价值 50 亿美元的 LNG 项目。这是该国第一个 LNG 项目,预计到 2025 年产能达到 300 万吨 / 年。2022 年 8 月,埃尼还收购了一个浮式液化设施,用于在刚果生产和出口 LNG。刚果 LNG 项目将开发 Marine XII 区块的天然气资源,满足该国发电需求,同时推动 LNG 出口,向以欧洲为重点的国际市场供应天然气。

2022 年,埃尼在全球通过多种方式增加天然气资产,其收购了碧辟在阿尔及利亚 In Amenas 和 In Salah 两个天然气在产区块 33.15% 和 45.89% 的权益;与利比亚国油达成 80 亿美元海上天然气田开发协议,共同开发利比亚北部海域两处天然气田,预计 2026 年开始供气,最大供气量 7.5 亿立方英尺 / 日;与碧辟整合安哥拉业务并成立合资公司,成为安哥拉最大的油气生产商,并参与 LNG 项目;同时加大勘探力度,与道达尔能源共同在塞浦路斯近海获得预计 2.5 万亿立方英尺的天然气发现,成为当年欧洲最大的天然气发现。

第二,发挥自身特长能力,长期深耕优势领域。随着欧洲石油公司逐步退出美国非常规业务,美国独立石油公司开始接手运营开发。2021 年 9 月,出于低碳发展战略和政策监管的压力,壳牌以 95 亿美元对价将其曾视为公司核心油气资产的美国二叠纪盆地非常规资产出售给康菲,正式退出二叠纪盆地。除了拥有雄厚资金实力的康菲公司以外,其余北美独立石油公司并没有如前几次油价上涨时一样,采取举债扩大油气生产的策略,而是有退有进,针对自身业务优势重整资产组合机构。

美国独立石油公司由于主要经营作业资产位于美国本土,面临的环境政策压力相对较小,且积累了丰富的成本优化经验和钻井开发技术,增大其专注区域的作业面积能够进一步压缩单位管理成本,并利用协同效应创造比原作业者更高的经营效益。

加拿大作为油砂生产大国,在可预见的未来,油砂脱碳势在必行。六家全球最大的油砂生产商与阿尔伯塔省政府一起成立了管道联盟 Pathways Alliance,致力于实现 CCUS 的净零目标。该联盟的目标是共同应对气候变化,实现油砂领域的净零排放。管道联盟的发展规划分为 3 个阶段:第一阶段的目标是在 2021 年至 2030 年间将运营过程中产生的二氧化碳排放量减少 2 200 万吨 / 年;第二阶段的目标是在 2031 年至 2040 年间扩大 CCS 网络并增加对替代能源的投资;第三阶段的目标是在 2041 年至 2050 年间继续探索和开发现有技术和新兴技术,包括直接空气捕集技术。

挪威海上石油巨头艾奎诺则继续在欧洲北海区域扩大影响力和加大规模效应。2023 年 3 月,艾奎诺以 8.5 亿美元对价收购了加拿大森科能源公司持有的欧洲北海油气开发项目 Rosebank 的全部股份,增持后艾奎诺持有该项目 80% 的股份。

第三,收缩全球布局,保障区域能源安全。政府的支持也是推动区域油气公司坚持投资油气开发的重要动力之一。受俄罗斯供给欧洲天然气量大幅下降的影响,挪威政府对当地新油气项目开发的态度转向积极的一面。2023 年 6 月 28 日,挪威政府表示,已批准石油公司开发 19 个油气田,投资额超过 2 000 亿挪威克朗(185.1 亿美元),这是该国未来几十年扩大油气生产战略的一部分。在获批的油田开发项目中,有 9 个项目由阿科碧辟运营,3 个项目由艾奎诺运营。尽管受到环保人士的强烈反对,挪威政府坚持表示,挪威的石油和天然气资源对欧洲能源安全至关重要,未来几十年都将需要油气资源。2022 年,挪威取代俄罗斯成为欧洲最大的天然气供应国。

(4)国家石油公司

近年来,影响国家石油公司制定投资策略的因素日趋复杂,主要包括能源转型加速、新冠疫情反复、油价大幅波动以及东道国政府在通胀环境下对经济和政治的担忧加剧。2022年,国家石油公司资本支出整体呈增长态势,油气业务仍是投资的重点,提高油气产量和产能是各公司抓住当前油气上涨周期的普遍选择。

第一,加大本土油气业务投资,提高本国产能仍是重点。对于国家石油公司而言,2022年能源短缺和高油价传递出明确的保供增产信号。国家石油公司所在国承担的去碳义务虽然重要,但相对于保障油气供应和能源安全而言,去碳仍将处于次要地位。

沙特阿美表现最为突出,该公司2023年初计划总资本支出由2021年的319亿美元提高到400亿～500亿美元,增幅达25%～57%,油气业务投资280亿～350亿美元,仍占总投资额的70%以上。沙特阿美计划提高原油产能并执行天然气扩产计划,计划将原油产能从目前的1 200万桶/日提升至2027年的1 300万桶/日;天然气产量从2021年的92亿立方英尺/日提高50%以上。

值得注意的是,2022年国家石油公司资本支出的增长幅度与国际石油公司的增幅基本一致。五大国际石油公司(埃克森美孚、碧辟、壳牌、雪佛龙、道达尔能源)2022年资本支出同比增幅为13%～27%。多数国家石油公司增加的投资主要用于提高油气产量,抓住当前油价上行周期,实现公司收入最大化。

第二,提高油气产能,同时兼顾能源转型。国家石油公司积极发展海外天然气业务,打造一体化天然气产业链,减少全球总体碳排放足迹。卡塔尔能源公司扩大LNG项目规模;阿尔及利亚国家石油公司和尼日利亚国家石油公司与欧洲国家(如意大利)和邻近国家(如摩洛哥)签订天然气供应协议,以填补因俄罗斯天然气供应缺位形成的空白。

2023年,国家石油公司的能源转型商业模式更趋具体。国家石油公司将在确保油气核心业务的同时,兼顾低碳业务的发展。此外,国家石油公司还将涉足可再生能源领域。巴西石油已在新总统的领导下,重启可再生能源战略。

除持续稳定提高油气的生产和储量发现之外,沙特阿美还积极响应本国政府绿色倡议,在生产过程中逐步降低碳排放。沙特阿美一方面在油气生产环节投资使用先进的减排设备和实施严格的现场管理,另一方面大力发展循环碳经济,助力沙特阿拉伯政府兑现2060年净零承诺。

第三，拓展海外并购被重新提上日程。以印度尼西亚国家石油公司和印度石油天然气公司为代表的国家石油公司放眼海外，持续寻找海外并购机会。当下能源的三元悖论可能有助于推动这些公司与地区之间结成新的联盟或强化已有的合作关系。中国国家石油公司进一步加大与中东地区和拉美地区的合作力度。卡塔尔能源、泰国国家石油公司、马来西亚国家石油公司等也在寻求国际业务扩张机会。

尽管为适应全球能源转型需求，国家石油公司均以各种方式表达了其远期实现低碳甚至零碳减排的雄心，承诺将持续削减油气业务投资计划。但从近三年获批油气项目储产量规模、产量增长预测、油气资产并购趋势、新能源业务收益水平和投资增速的实际情况来看，面对保障能源安全和维持公司经营效益的需要，油气业务仍将占据典型国家石油公司中长期业务的核心地位。

(5)中国石油公司

中国石油把突出绿色低碳作为实现高质量发展的重要方向，为能源转型提供坚定的理念支持。2020年，中国石油还提出了到2050年实现净零温室气体排放的目标。为促使相关战略落地，中国石油积极推进氢能、地热、生物质能、铀矿、太阳能及风能等新能源产业发展，并取得了一定进展和技术突破。尤其在氢能领域，自2018年提出布局氢能产业以来，频频发力，2019年与北京海珀尔氢能科技联手在京布局加油、加氢合建站；2020年8月与上海申能集团(持股40%)合资成立氢能科技公司推进氢能科技研发相关工作。

中国石化新能源业务目标是在"十四五"期间，构建氢能、地热、太阳能、风能、余热等多种绿色能源供应体系，提高传统能源替代能力，减排二氧化碳，油气板块率先实现碳排放净零目标。中国石化提出应充分利用资源、市场和政策优势，加快布局氢能供给产业链(中国石化每年氢能产量已超300万吨，居全国首位)，并明确了在"十四五"期间围绕环渤海、长三角、珠三角、海南自贸试验区等国家发展战略区，大力推动氢能产业发展，打造"电＋氢"交通新能源领域全球领先核心优势的目标。

此外，中国石化还提出继续做强、做优、做大地热产业；抓牢产业发展起步期机遇，迅速形成风电发展优势；依托集团公司各领域优势，持续扩大光电产业规模；为新能源业务发展建立新机制，催生自身发展强大动力；加强国际技术联合创新合作,推进"一带一路"新能源业务发展。

中国石油公司绿色低碳发展和保障能源供应安全齐头并进,油气储量及其占比总体保持稳定。尽管海外油气业务持续扩张,但国内仍是中国石油公司不可动摇的生产经营重心。随着国内产量增加,中国石油公司在亚太产量的占比逐渐上升,在欧美则有所下降。在技术研发方面,中国石油公司在研究期内申请的专利数量与其他类型公司相比遥遥领先,但质量方面仍有待进一步投入。

2. 国际石油公司转型实践

在全球气候治理与低碳发展加速的背景下,国际石油公司低碳发展已进入战略实施阶段。尽管在具体实施路径中呈现出显著的差异性,但合作与收并购、机构优化与技术创新仍是国际石油公司的共同选择。能源转型、"净零"排放已成为行业共识,但不同类型、不同区域石油公司的应对路径仍存在显著的分歧。从能源转型的路径和推动力度上看,总体可以分为"零碳型""低碳型"和"降碳型"三个梯队。

"零碳型"转型路线以欧洲的全球一体化公司和区域型石油公司为代表,主要包括道达尔能源、壳牌、碧辟、埃尼、挪威国油等。这些公司受到来自欧洲国家政策、环保组织、投资者和公众等各方减排的压力最大,在低碳转型上采取了积极主动的应对策略,均较早就提出 2050 年实现"零碳"愿景,制定明确的转型发展目标,希望成为从石油公司向低碳能源公司转型的领导者。"零碳"梯队的公司积极重组公司业务和组织架构,加大低碳领域的投资,一定程度上减少油气特别是原油资产,并制定明确的减排目标和实施路径。

"降碳型"转型路线以北美的一体化公司、独立勘探开发公司以及发展中国家资源国家石油公司为代表,主要包括埃克森美孚、雪佛龙、康菲、西方石油、沙特阿美、阿布扎比国家石油公司、俄罗斯国家石油公司等。与"零碳型"相反,这些公司多处于能源转型政策相对宽松的国家,受益于本土油气资源丰富,对国家经济发展和政府财政收入至关重要,且资源国气候政策相对宽松,油气业务发展以减碳不减产的思路为主。面对公众和国际社会日益严格的低碳发展要求,这些公司主要在两个方面向低碳转型:① 在油气全产业链引入碳捕捉和封存技术,降低碳排放强度;② 利用天然气资源丰富的优势,发展氢能。

作为主流,大部分公司选择了"低碳型"路线。该路线处于"零碳型"和"降碳型"之间,一方面坚定油气生产商主业地位,保障和扩大油气生产,同时积极寻求降低油气生产中碳排放的方法,另一方面在风险和成本可控的前提下在新能源领域进行尝试,在维持公司正常运营发展的同时,为公司在长期不确定性中留存机会。

(1)碳减排关键技术

碳减排关键技术开发主要是指围绕化石能源绿色开发、低碳利用、减污降碳等开展技术创新,重点加强多能互补耦合、低碳建筑材料、低碳工业原料、低含氟原料等源头减排关键技术开发;加强全产业链/跨产业低碳技术集成耦合、低碳工业流程再造、重点领域效率提升等过程减排关键技术开发;加强减污降碳协同、协同治理与生态循环、CCUS 以及非二氧化碳温室气体减排等末端减排关键技术开发。

降低现有油气设施火炬燃烧和甲烷排放是石油公司当前推进低碳化升级改造的主要手段。通过六年的改造,各主要石油公司因燃烧排空和甲烷排放造成的碳排总量均缩减了 50% 左右,分别使其全球碳排总量降低了约 7% 和 6%(见表 2-1 和图 2-7)。

表 2-1 燃烧排空和甲烷排放对碳减排的影响程度

石油公司	净资产排放量 /百万吨 CO_2 当量		燃烧排空排放量 /百万吨 CO_2 当量			甲烷排放量 /百万吨 CO_2 当量			剩余潜力 /%
	2017年	2023年	2017年	2023年	变化/%	2017年	2023年	变化/%	
埃克森美孚	45	40	5.3	3.1	5	4.3	2.6	4	14
壳 牌	45	38	3.8	1.8	4	2.8	1.5	3	9
雪佛龙	30	31	5.7	2.9	9	3.2	1.4	6	14
道达尔	24	23	4.0	2.3	7	3.2	1.5	7	17
埃 尼	22	20	4.2	3.1	6	3.2	1.8	6	25
碧 辟	31	18	3.5	1.6	6	3.1	1.2	6	16
艾奎诺	8	6	0.6	0.3	4	0.2	0.15	1	8

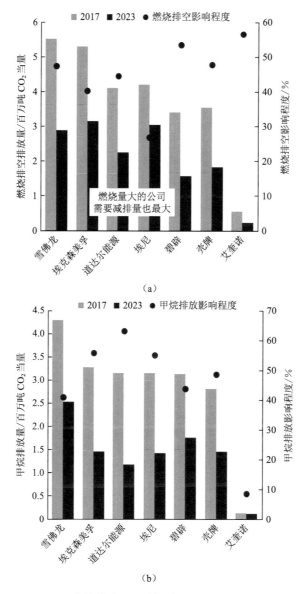

（a）

（b）

图 2-7　燃烧排空和甲烷排放对碳减排的影响程度

　　碧辟在英国采用无人机技术进行甲烷检测,并引入燃烧排放气体回收系统,以减少天然气排放。此外,其计划在设德兰岛平台进行电气化改造,以减少对传统燃料的依赖,并在当地大力发展新能源和多能源产品,以满足未来能源转型的需求。海港能源致力于发展和利用油气资产脱碳和 CCS 负碳技术的协同作用。该公司主要通过伴生气利用、节能减排和电气化技术为其在英国的油气作业脱碳。2022 年,该公司对 Judy 和 Britannia 油气资产进行了技术改造,减少了这两个项目的燃料需求和大气排放。改造主要包括对 Britannia 的长期压缩机进行调整,通过优化压缩机性能,降低了压缩天然气所需的燃料气量,从而减少了大气排放。通过安装泵,本会被燃烧排放的低压气体可以被泵回收并输出。海港能源还优化了项目平台上运行的发电机数量,减少了燃料气的使用量,从而减少了排放。

此外,油气行业正在将海上作业平台电气化视为减排的重要途径,同时借此提升运营效率和绩效。与陆地钻井作业电气化类似,采用低碳动力源是一种减少海上平台作业温室气体排放的有效方法。海上平台传统发电方式主要依靠自建发电机组,并使用油田产出的原油、天然气或柴油作为燃料。电气化可以显著减少公司业务直接产生的温室气体排放,若电力来自低碳动力源,也可显著减少公司购买的能源产生的温室气体排放。通过减少燃气轮机的使用,电气化能有效减少平台燃料和维护的成本。这不仅降低了运营费用,还减少了设备的磨损和故障率,从而延长了设备的使用寿命。另外,电气化系统供应的稳定电力和简化的系统维护可以减少平台停机时间,提升整体产量,提高平台的生产效率。

电气化带来的好处还包括优化平台空间利用、更广泛的井下延伸范围、更快速的响应时间以及数字化带来的精确控制和实时信息获取。这些优势显著提升了海上运营商的作业效率和决策能力。此外,电气化还支持更先进的井下监测和控制系统,通过嵌入式传感器提供实时数据,使运营商能够更及时地做出决策,提高生产效率和资源利用率。这些优势体现了电气化不仅有助于降低运营成本,还推动了海上油气行业向更加可持续和智能化的方向发展。

然而,在过去数年内能够快速进行减碳改造的机会已经付诸实施,减碳进入攻坚期。一是技术挑战,在已经高度成熟的油气生产和工艺中推动新的优化设计和减碳改造缺乏技术和经济可行性。二是成本回收问题,对于已经进入中晚期的油气资产,实施降碳技改可能导致改造费用难以回收,影响资产总体收益。

据麦肯锡咨询公司统计数据显示,过去十年通过技术改造减碳的成本最低仅 2 美元 / 吨。但随着可实施的技改选项逐步减少,减排成本将因边际效应而快速提升到约 15 美元 / 吨,而减碳速度也将显著降低。

（2）碳零排关键技术

碳零排关键技术主要包含开发新型太阳能、风能、生物质能、核能等零碳电力技术。多年前,壳牌、碧辟、道达尔能源和雪佛龙等公司专门成立了风险投资公司,超前布局,对具有潜在重大技术突破和市场前景的新能源产业进行投资。到 2030 年,碧辟在新能源领域的年投资额将增加到 50 亿美元,相当于 2020 年投资水平的 10 倍。

道达尔能源 2019 年在低碳领域的研发投入为 4 亿美元,2020 年后每年将在可再生能源及电力领域投资 15 亿～20 亿美元。国际石油公司在低碳能源产业的主要布局包括电动车充电、可再生电力、生物燃料、氢能、碳捕获和存储、地热等。

太阳能

近年来,由于更广泛的政策激励和储能电池技术的发展,太阳能光伏装机容量呈现指数级的增长（见图 2-8）。当下,全球太阳能市场主要涵盖太阳能光伏发电、聚光太阳能热发电,以及浮式太阳能光伏技术。从当前发展趋势来看,欧洲、中国和美国将在中长期内引领太阳能光伏装机容量增加。

从关键驱动因素来看,驱动太阳能发展的主要因素为政府激励和政策引领,如美国的《通胀削减法案》、欧盟的能源转型计划 REPowerEU、中国的“十四五”发展规划。同时,与燃气和煤电相比,太阳能光伏的标准化电力成本的竞争力增强也将推动太阳能发展。此外,储能电池和太阳能光伏的集成化部署也在增多,通过规模经济和技术及效率改进,加速了太阳能光伏的推广和应用。这些因素共同推动了太阳能市场的快速发展。

艾奎诺在 2022 年完成了位于北海弗勒亚附近海况较为恶劣的近海水域的浮式光伏试点项目的建设,但关于该试点项目的性能表现尚未做进一步的沟通。埃尼曾于 2019 年计划在意大利建设 14.2 兆瓦的 Brindisi 浮式光伏电站,原计划于 2022 年投产,但目前对于该项目也没有进一步的沟通,项目开发处于停滞状态。截至 2024 年 6 月,国际和国家石油公司在浮式太阳能光伏技术

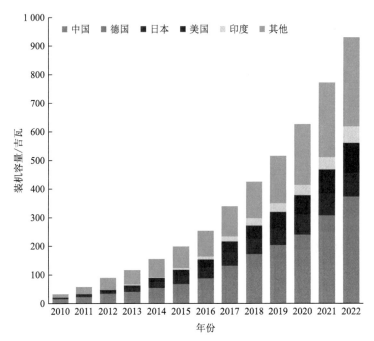

图 2-8　各国太阳能光伏装机容量

的探索上参与度一般。虽然一些公司正在探索近海部署的机会,但在利用浮式光伏电站实现油气作业电气化操作方面尚无实验项目。

　　在东南亚,石油公司的参与度相对积极。印度尼西亚国家石油公司于2021年与阿联酋的 Masdar 签署了合作备忘录,共同探索在印度尼西亚开发浮式和地面太阳能电站及清洁能源解决方案的可能性。同年,马来西亚国家石油公司也与 Masdar 签署了合作备忘录,共同探索在马来西亚开发包括浮式光伏在内的公用事业规模可再生能源项目。马来西亚国家石油公司在2021年首次在开放海域部署了浮式光伏技术,但该试验项目性能的进一步信息尚未公布。道达尔能源可再生能源合资公司于2023年签署协议,将为泰国本地的木质面板制造商开发一个浮式光伏项目,以实现其作业的脱碳。

　　另外,壳牌与伊奈克成立的合资企业正在荷兰进行 0.5 兆瓦的 Hollandse Kust Noord 近海浮式光伏项目试验。该项目计划于2025年投产,将成为首个与海上风电场共址的浮式光伏项目。该项目的太阳能电池板将位于 HKN 海上风电场的风力涡轮机之间,这是一种高效利用海洋空间的方式。项目开发商首席执行官范霍肯表示,通过在海上风电场中增加浮式太阳能光伏系统,可以在阳光明媚但风力较小的日子里继续生产电力,从而提高近海电网基础设施的利用率。

碧辟在 2017 年到 2019 年收购了光伏企业莱特索斯一半的股份,并将其改名为莱特索斯–碧辟。现阶段,碧辟已经掌握了莱特索斯的全部股权。目前,该公司在英国拥有一个产能为 5 兆瓦的已投入运营的 Saputo Solar 项目以及依然在建的 49.9 兆瓦的 Tiln Farm 太阳能发电厂和与其配套的 25 兆瓦/50 兆瓦的 BESS 系统。

截至 2024 年 6 月,根据睿咨得能源数据库,尚未有石油公司在浮式光伏与油气田生产作业(如平台电气化)之间协同机会的试验报道。浮式光伏技术仍处于初级开发阶段,尤其是在近海区域,项目大多为千瓦级,与地面光伏系统相比,在商业成本和项目风险上暂时没有竞争优势。

总体来看,传统太阳能光伏技术已经普及到所有目标市场,预计巴西、英国、南非和伊拉克将成为光伏市场的主要参与者,因为这些国家有大量在建和计划中的光伏项目。在印度尼西亚和巴西,为了充分利用地区优越的太阳能资源并合理利用其地理地质环境,正在探索除传统光伏以外的太阳能技术的可能性。印度尼西亚土地资源有限但水体资源丰富,适合发展浮式太阳能光伏项目,而巴西则可以将浮式太阳能光伏与水电水库互补结合,提高能源利用效率。在非洲国家中,太阳能光伏目前是可再生能源的首选,许多国家正在进行大规模光伏电力招标和项目规划。特别是在南非和莫桑比克,有多个浮式太阳能光伏项目正在进行中。

风能

在所有能源转型的情景下,海上风电都将是未来加快风能部署的关键驱动因素。全球风能市场主要涵盖陆上风电和海上风电技术,其中海上风电包括固定式和漂浮式风电技术。从当前发展趋势来看,中国、美国和欧盟是风能装机容量增加的主要推动者,这得益于积极的政府政策和激励措施。陆上风电继续占据风能装机容量的主导地位,而海上风电则处于扩张的初期阶段。

从关键驱动因素来看,美国的《通胀削减法案》、欧盟的可再生能源计划、中国的上网电价政策和并网电价方案的政府激励和政策引导推动了全球

风能的快速发展。风电仍需要通过技术进步和政府补贴等手段提高成本竞
争力,使得其电价与煤电和燃气电站相当。根据拉扎德 2024 年的标准化电力
成本报告可知,2023 年全球陆上风电新建项目的电力成本区间为每兆瓦时 27
美元至 73 美元,海上风电项目的电力成本区间为 74 美元至 139 美元。同时,
气电新建项目的电力成本区间为 45 美元至 108 美元,煤电为 69 美元至 168
美元。

截至 2021 年末,全球风电装机容量达 837 吉瓦(见图 2-9),其中欧洲占比
超过 50%,是全球最大的海上风电区域市场。2020 年和 2021 年全球新增风
电装机容量均超过 90 吉瓦,2021 年新增海上风电装机容量超过 21 吉瓦,创
历史最高纪录。样本公司中的欧洲国际石油公司和区域公司以领先的海工
技术和资金实力优势,积极参与海上风电项目开发市场竞争。

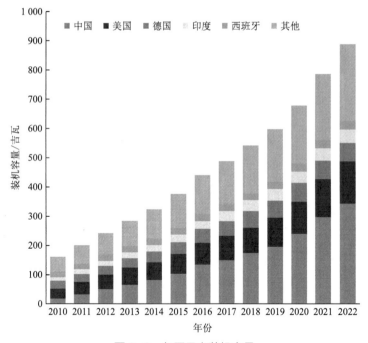

图 2-9 各国风电装机容量

以艾奎诺为例,自 2018 年更名后,继续推广并应用 Hywind 浮式风电技
术,在传统的并购和风投方式之外,通过参与政府海上风电区块招标推动新
项目开发,并转让项目权益引入合作伙伴,持续开发并优化其海上风电投资

组合。2018 年中标美国马萨诸塞州 3 个海上风电租赁区块;2019 年 7 月中标纽约州海上风电项目;2019 年 9 月获颁英国 Dogger Bank 海上风电项目(3.6 吉瓦)合同,是全球最大的海上风电项目,该项目一期、二期已开工建设,三期于 2021 年做出最终投资决定。2020 年,向碧辟转让美国 Empire Wind(2 吉瓦)和 Beacon Wind(2.4 吉瓦)海上风电开发项目各 50% 的权益,交易对价 11 亿美元,并与碧辟结成战略合作伙伴关系,规划共同在快速增长的美国市场寻求其他海上风电业务机会;2021 年,向埃尼转让 Dogger Bank 项目一期和二期 10% 权益(交易对价为 2.85 亿美元)。

艾奎诺的 Hywind Tampen 项目是全球首个为海上油气平台供电的浮式海上风电场,是可再生能源与传统能源产业融合的重要里程碑。该项目位于挪威北海油气田,距离海岸线约 140 千米,水深介于 260～300 m 之间,为 Snorre A 和 B 以及 Gullfaks A、B 和 C 5 个油气平台提供清洁电力,可满足这些平台每年 35% 的电力需求,在风速较高的情况下,这一比例将显著提高。该项目充分展现了浮式风电技术在离岸距离较远的深水区域帮助油气平台脱碳的应用潜力。Hywind Tampen 于 2023 年 8 月初开始满负荷运营,总装机容量达 88 兆瓦,后续随着每台发电机组容量的升级,总装机容量升级至 94.6 兆瓦。尽管输出系统容量和平台未进行升级,但增加的容量预计将允许运行时间增加,以此增加电力年产量。运营经验的积累也将提高利用率以改善产能。

艾奎诺挪威大陆架执行副总裁霍夫指出,从环境效益角度来看,Hywind Tampen 项目每年预计可减少北海油气生产产生的 20 万吨二氧化碳排放,是 Gullfaks 和 Snorre 合作伙伴以及挪威国有企业伊诺瓦(Enova)对一个开创性项目的大胆投资。

浮式海上风电行业的工业化进程由于成本通胀、利率上升和供应链瓶颈等原因,充满了不确定性。艾奎诺已经无限期搁置了预计装机容量达 1 吉瓦的浮式海上风电 Trollvind 项目。该公司在 2020 年底宣布的浮式海上风电产业化计划,包括到 2025 年实现 200～250 兆瓦浮式海上风电装机容量,标准化电力成本为 90 欧元／兆瓦时,并在 2035 年达到 1 000 兆瓦装机容量,成本降至约 50 欧元／兆瓦时(接近固定式海上风电水平)。随着 Trollvind 项目的搁置,未来该计划目标的实现也面临着巨大的不确定性。

除此之外,Green Volt 浮式海上风电项目建成后将是全球最大的浮式海上风电场,将为北海油气平台的低碳转型提供强有力的支持,每年可减少约 100 万吨二氧化碳排放。该项目由漂浮能源(Flotation Energy)和瓦格恩(Vargronn)各持 50% 的股份共同开发,计划装机容量高达 560 兆瓦。风电场将安装 35 台风机,采用半潜式浮动基础结构和带拖曳嵌入锚的链状系泊系统。Green Volt 项目除了为附近的海上油气平台供电外,生产的多余电力将输送至英国电网。

在风电领域里,碧辟与德国巴登符腾堡能源(EnBW)公司合作,牵头开发爱尔兰海的 Morgan 和 Mona 项目以及北海的 Morven 项目。这些项目的潜在总发电量为 5.9 吉瓦。Morven 项目是 27 吉瓦的 ScotWind 计划(苏格兰管理的第一轮海上风电租赁项目)的 20 个项目之一。同时,碧辟还是浮式海上风电的领头开发企业,2023 年初,该公司成功竞标阿伯丁郡近海的首个浮式海上风电示范项目 Flora。该项目未来有可能将其产生的能源整合到碧辟与阿伯丁市议会共同开发的阿伯丁氢气枢纽中。

法国能源巨头道达尔能源以 2.375 亿欧元收购了可再生能源公司伊伦 Eren 23% 的间接股权,并将其更名为道达尔伊伦(Total Eren)。这一收购不仅扩大了道达尔能源在可再生能源领域的业务规模,还为其带来了丰富的项目储备、专业的技术团队和不同国家地区的项目开发、运营经验。道达尔伊伦在全球拥有 3.5 吉瓦的运营中的可再生能源产能,并在 30 个国家拥有超过 10 吉瓦的太阳能、风能、水电和储能项目储备,其中有 1.2 吉瓦的项目已处在建设或后期开发阶段。

意大利油气巨头埃尼同样积极布局可再生能源领域,2020 年 3 月,埃尼通过其新能源美国公司与法克可再生能源(Falck Renewables)达成战略合作协议,共同开发美国可再生能源项目。双方成立了合资公司诺维斯可再生能源(Novis Renewables Holdings),埃尼持股 49%,法克持股 51%。该合资公司将致力于开发、建设和融资新的太阳能光伏、陆上风电和储能项目。作为协议的一部分,埃尼以约 7 100 万美元的价格收购了法克现有的 112.5 兆瓦资产组合的 49% 股权。2020 年 6 月,埃尼通过其子公司埃尼新能源(Eni New

Energy)收购了意大利 3 个风电场项目,总装机容量达 35.2 兆瓦,预计每年可产生约 81 吉瓦时的电力,减少约 33 400 吨二氧化碳排放。

2022 年,埃尼通过其子公司普兰尼图德(Plenitude)和合资企业在希腊、美国和意大利等地继续扩张。1 月,其子公司收购了希腊太阳能公司(Solar Konzept Greece)。希腊太阳能公司在希腊拥有一个光伏电站开发平台。希腊太阳能公司的投资组合包括处于不同开发阶段的项目,总计约 800 兆瓦。这些项目为埃尼在希腊的进一步发展奠定了基础。2 月,其子公司收购了位于美国得克萨斯州约 266 兆瓦的 Corazon Ⅰ 太阳能电站,该电站每年的发电量超过 500 吉瓦时;同时,还收购了约 200 兆瓦/400 兆瓦的 Guajillo 储能项目,该项目正处于后期开发阶段,预计将在 2023 年底前进入运营阶段。3 月,埃尼合资公司宣布了第一笔投资,收购了福特拉能源(Fortore Energia)集团的全部投资组合,包括在意大利运营的 4 个陆上风电场,总发电容量为 110 兆瓦。此次交易涉及 55 台风力涡轮机,这些涡轮机位于普利亚地区,该地区风速较高,是意大利市场上最具吸引力的替代传统油气发电方案之一。

电动车充电和可再生电力领域

壳牌计划大幅增加电动车充电站数量,从 2020 年的 6 万个增加到 2025 年的 50 余万个,到 2030 年增加到 250 万个。至 2030 年壳牌计划每年销售约 560 万亿瓦时电力,是 2020 年电力销售额的两倍。

艾奎诺在美国东海岸、英国、波罗的海等区域参与了多个海上风电项目。

2020 年,碧辟风投向蔚来资本的美元基金投资 1 000 万美元,探索电动汽车、充电硬件和软件集成解决方案。2030 年碧辟的电动汽车充电桩个数将由目前的 7 500 个增加到 7 万个。

道达尔能源 2020 年在低碳电力领域的投资 15 亿～20 亿美元,占其全年总资本支出的 10%～14%。

生物燃料产业

壳牌将在 2020 年销售 95 亿升生物燃料的基础上,继续扩大生物燃料生产和分销业务。壳牌的合资企业雷申 Raízen 在巴西用甘蔗生产低碳生物燃料,通过该公司收购百瑟夫 Biosev 公司,使雷申的生物乙醇生产能力提高 50%,达到每年 37.5 亿升,约占全球产量的 3%。

道达尔能源位于法国的生物精炼厂于 2019 年投产,该厂利用植物油以及废物残渣等,可产出 50 万吨生物燃料。2020 年在泰国投产生物塑料厂,每年可生产 7.5 万吨聚乳酸。

到 2030 年,碧辟预计其生物能源日产量将由 2020 年的 2.2 万桶增加到 10 万桶。

氢能产业

清洁氢市场仍处于早期阶段,目前产量不高,但具有强劲的增长潜力,国际石油公司多在此产业有所布局。

壳牌正在德国莱茵的精炼厂开发一种氢电解器,利用可再生资源生产氢。壳牌的目标是到 2030 年实现全球清洁氢销售市场份额达到两位数。

碧辟希望 2030 年在氢能产业占据全球 10% 的市场。碧辟与阿伯丁市政府合资成立了阿伯丁氢气枢纽,旨在利用可再生能源在该市提供可扩张规模的绿色氢气生产、储存和配送设施。该项目的第一阶段包括为公共汽车和卡车建造一个由太阳能发电场供电的氢气加注设施。

此外,道达尔能源也在氢能领域有超过 10 年的投资历史,2020 年与安吉公司合作开发法国最大的绿色氢气生产基地,100% 使用可再生电力。

(3)碳负排关键技术

碳负排关键技术主要包括加强二氧化碳地质利用、二氧化碳高效转化燃料化学品、直接空气二氧化碳捕集、生物炭土壤改良等碳负排技术创新等。其在油气行业具体表现为碳捕获和封存技术。目前,全球范围内共有 67 个 CCS/CCUS 商业化项目,其中 27 个正在运行,4 个在建,2 个已暂停运行,13 个处于设计阶段,21 个处于开发早期,整体二氧化碳封存能力为 4 000 万吨。从地域上看,主要集中在美国和加拿大地区,其中美国 CCUS 规模达 2 100 万吨 / 年,占全球规模的一半以上;从运营公司上看,油气公司占比达 1/3,其中埃克森美孚公司投资的股份约占 20%,捕集了全球约 40% 的二氧化碳,2021 年 3 月宣布成立新业务部门,旨在将 CCS 技术商业化,定位 2040 年成为全球 CCUS 行业的领军者。

欧洲:挪威 Sleipner CCS 项目

挪威 Sleipner CCS 项目是世界上第一个规模化、以减少碳排放为目的、运行时间最长的海上 CCS 项目,也是 Sleipner 凝析气田开发的关键组成部分,设计二氧化碳封存能力为 100 万吨 / 年。

挪威 Sleipner 凝析气田位于挪威斯塔万格市以西 250 千米海域,水深 110 米,气田于 1974 年被发现,目前由艾奎诺(58.4％)、埃克森美孚(17.2％)、路特斯(15％)和科威特国家石油公司(9.4％)共同运营。该气田的产层位于海平面以下 2 500 米深的砂岩层,二氧化碳含量约 9％,其产出的二氧化碳必须要经过处理:一是要满足天然气商品外输的要求,即二氧化碳含量降到 2.5％以下;二是 1991 年挪威政府开始征收碳税,若产出的二氧化碳直接排放到大气中,将支付 50 美元 / 吨二氧化碳的排放税。

1996 年,Sleipner 凝析气田投产,其开发设施由 4 个平台构成:Sleipner A、B、T 和 R 平台,产出的气由 A 生产平台输送至 T 平台先脱除杂质并分离出二氧化碳,再将二氧化碳输送至 A 平台注入地层中封存。该方法并非将二氧化碳原路返回,这样会进一步污染天然气,采取的方法是将二氧化碳注入一个 200 米厚的砂岩层中,该砂岩层位于北海海底下方约 800 米处。

二氧化碳封存层为储层,储层南北长约 400 千米,东西为 50～100 千米,面积为 26 000 平方千米。储层平均孔隙度约为 30％,注入点距岸为 250 千米,水深为 110 米,埋深为 800 米,厚度为 250 米,上覆地层为 50～100 米厚的泥页岩。砂岩层上方有三组盖层,下部为页岩,厚 50～100 米;中部为上新世进积沉积楔,盆地中间以页岩为主,但在向上和向盆地边缘逐渐粗化成砂质相;上部为第四纪沉积,包括冰川海相黏土和冰碛物。该项目计划每年注入量为 100 万吨二氧化碳,计划封存 2 000 万吨二氧化碳,1996—2020 年已注入 2 000 万吨。

挪威 Sleipner CCS 项目成功的关键在于以下三点。

(1)适合的二氧化碳储层。其封存二氧化碳层位位于北海海底下方 800～1 000 米处、200 米厚的砂岩层中,该岩层为孔隙度、渗透率较好的咸水层,比较容易注入。

(2)致密的二氧化碳盖层。封存二氧化碳的层位上被致密的"盖层岩石"密封,具有储存大量二氧化碳的能力,据估计,砂岩层可以封存大约 6 000 亿吨的二氧化碳。

（3）地层平缓。砂岩层及上覆地层地势平缓，没有大的背斜构造，也无大的断层或断裂活动。

挪威是石油天然气生产大国，发展 CCS/CCUS 既符合挪威的气候政策，也为挪威的化石能源行业转型升级带来了机遇。挪威是全球最早征收碳税的国家之一，同时建成了全球最大的碳捕集技术测试平台 Technology Centre Mongstad，通过政府出资支持 CCS/CCUS 技术研发课题。挪威也设立了国有公司 Gassnova 来建设和运营 CCS/CCUS 项目，同时引入世界知名企业，如道达尔能源、壳牌等，来联合投资和运营 CCS/CCUS 项目与碳捕集技术测试平台。

北美：加拿大 Quest CCS 项目

加拿大 Quest CCS 项目是世界上油砂行业的第一个 CCS 项目，最初由加拿大阿萨巴斯卡油砂项目合资公司运营（壳牌权益为 60%，雪佛龙权益为 20%，马拉松石油权益为 20%），合资公司位于阿尔伯塔省。这是一个露天开采油砂的项目，包括麦肯河油砂矿、Scotford 改质厂和 Quest CCS 项目。2017 年，加拿大自然资源公司 CNRL 收购壳牌在合资公司中 60% 的权益，但壳牌仍保留了在改质厂和 CCS 项目中的权益。

2008 年，阿尔伯塔省宣布了气候变化战略，确定将 CCS 作为实现该省 2030 年和 2050 年减排目标的一项关键技术。为此阿尔伯塔省政府还设立了一个 20 亿加元的资助基金，旨在鼓励 CCS 示范项目建设，壳牌 Quest CCS 项目成功获得 7.45 亿加元的资助基金，此外，该项目还申请到加拿大政府 1.2 亿加元的资助基金，两笔基金占到了 Quest CCS 项目总投资（14 亿加元）的 62%。

加拿大 Quest CCS 项目中的油砂矿生产的沥青油需经过改质才能外输，Scotford 改质厂制氢装置生产氢气用于沥青油的改质，而甲烷重整制氢过程中产生约 80% 的二氧化碳由 Quest CCS 项目捕集（X 胺溶液法）并提纯至 98% 以上，提纯后的二氧化碳输送至改质厂以北 85 千米，加压后由 3 口注入井注入地下 2 000 米的寒武系砂岩层。2015 年，Quest CCS 项目投入运行，计划二氧化碳年捕集与埋存量为 100 万吨。截至 2021 年，项目已累计埋存二氧化碳量为 570 万吨。

加拿大 Quest CCS 项目成功的关键在于以下三点：

（1）埋存地质条件较好。在二氧化碳注入点的寒武系砂岩顶部，洛茨贝格盐层起到了非常好的密封作用，有效防止了二氧化碳的扩散。

（2）创新性地使用了模块化的工艺及施工方式，有效降低了成本。该项目采用了福陆公司第三代模块化设计，将捕集单元、压缩单元、提纯单元等设计成为 69 个独立的模块，通过公路运输到现场安装调试。

（3）对二氧化碳测量和监测到位，是该项目最具创新性和示范性的方面。壳牌配备了 3 口监测井对大气、地下水、土壤等二氧化碳泄漏进行了全方位监测。

加拿大石油、气、煤的探明储量和产量都居世界前列，加拿大政府认为推动 CCS/CCUS 有利于提高国家化石能源行业竞争力，因此对 CCS/CCUS 项目都给予了显著的财政支持，同时通过阿尔伯塔省碳市场支持二氧化碳封存项目，如对 Quest 地质封存项目 1 吨二氧化碳减排量给予 2 吨减排额的奖励。加拿大 CCS/CCUS 成功的经验还包括其相对完善的二氧化碳封存监管机制，包括明确了国家和地方政府的责任，建立了地方政府封存监管框架，如当项目关闭十年后，若没有显著的泄漏风险，封存运营企业就将二氧化碳封存带来的责任移交给政府。

3. 商务模式创新与新的价值增长点

随着全球绿色低碳转型的推进，除了技术创新以外，油气行业正通过价值链优化、商务模式创新和伙伴关系合作等多维度创新来寻找新的价值增长点。

（1）合作和收并购是低碳业务开展的核心方式

围绕低碳转型，国际石油巨头之间的合作越来越多。面对新能源项目中的不确定性，风险共担是油气合作伙伴在新赛道的共同选择。

在 CCUS/CCS 领域，雪佛龙、壳牌和埃克森美孚等共同在澳大利亚 Gorgon 项目中开展实践；壳牌、雪佛龙和马拉松石油共同在加拿大 Quest 项目中进行地质封存；道达尔能源、挪威国家石油公司自 20 世纪 90 年代就已经在挪威 Sleipner 项目开展碳封存合作；2021 年，壳牌和巴斯夫宣布合作，加强 CCS 的吸附技术应用;挪威国家石油公司和俄罗斯国家石油公司宣布加强碳管理合作,联手开发低碳解决方案,并通过联合项目减少碳足迹;碧辟与埃尼、壳牌、道达尔能源等共同在英国北海开发碳运输和存储基础设施,拟将英国提赛德和亨伯赛德地区工业排放二氧化碳封存至北海海底。

在风电和光伏领域,国际石油公司除了与其他大型石油公司合作外,还会与其他具有产业先发优势和当地优势的能源公司合作,或者以收并购的方式加入项目。对于相对陌生的市场份额较小的新领域,收并购是快速扩大业务规模、建立市场地位、获得先进技术的方法。国际石油公司在新能源特别是风能、光伏领域起步较晚,与国际上大型风、光企业相比技术不领先、市场份额有限,这种合作模式有助于石油公司直接、低风险地穿过技术和市场壁垒,快速形成产能,并获得开放性的学习机会。如挪威国家石油公司和碧辟在美国合作规划了 Beacon、Empire 等大型风场项目,壳牌与蓝风(Blauwwind)等公司合作的荷兰 Borssele 海上风电项目已于 2021 年投产,艾奎诺与马斯达清洁能源公司、与希腊海上能源(Scira Offshore Energy)等当地清洁能源企业在英国海上开展风电合作。而道达尔能源与印度阿达尼集团在印度大力开展光伏合作,与卡塔尔能源、卡塔尔电力水务公司和日本丸红共同在卡塔尔建设 800 兆瓦光伏电站。

(2)油气公司低碳发展商务模式创新

第一,投资模式由直接投资向公司并购倾斜(见图 2-10)。在低碳发展方面,投资模式逐渐从直接投资转向公司并购。过去,直接投资在低碳项目上占据主导地位,特别是光伏和风电项目。这些项目直接影响到公司的碳足迹,但由于一些项目的经济性不佳,未来的发展空间有些受限。而近年来,公司

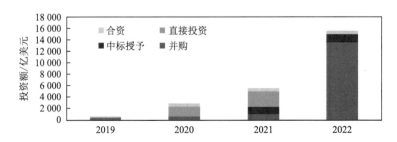

图 2-10　2019—2022 年国际石油公司各低碳投资模式投资额

并购的比例显著增加,通过并购,公司可以直接获取所需的低碳科技,补足产业链中的关键环节,并快速进入当地市场。

绿氢目前仍处于发展初期,不同低碳领域的投资模式存在差异。比如,CCUS 主要通过招标形式进行投资;而生物质能、销售、储能等板块则主要通过并购进行投资。这些领域的进入门槛较高,关键技术和资源主要掌握在少数公司手中,因此通过并购这些公司是最有效的进入方式。例如,雪佛龙在 2022 年以 31.5 亿美元收购了一家生物质能公司,以增强其在生物质能领域的地位。另外,风电、运输等资本密集型投资的常见方式是成立合资公司,以实现风险共担。比如,2023 年道达尔能源和克利奥(Corio)合作推进中国台湾的 Formosa 3 海上风电项目。相对而言,氢能直接投资的比例较高,因为绿氢目前仍处于发展初期,拥有完整技术和产业链的公司并不多。

第二,低碳业务选择以市场、政策和技术为导向。首先,市场引导供应。各地的资源禀赋和能源供需决定了市场的发展方向,指引了区域低碳业务的发展方向。为降低对进口油气的依赖,欧洲公司在新能源领域发展意愿强烈,且有相应的市场和政策支持。欧洲公司侧重于可再生能源发电的全产业链布局,推动电气化转型,并拓展新能源汽车、充电桩等新业务。而作为全球主要的油气生产国和消费国的美加地区,油气公司低碳发展的核心是围绕油气主业有针对性地发展低碳业务,转型战略业务主要集中在具有协同优势的 CCS、氢能和生物燃料领域。图 2-11 是 2019—2022 年各低碳业务板块交易笔数示意图。

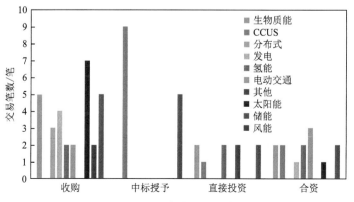

图 2-11　2019—2022 年各低碳业务板块交易笔数

其次,政策引导投资。各国根据国内能源形势出台了低碳或净零政策,这些政策为降碳和投资方向提供了具体指导。欧盟的监管政策日趋严格,欧洲公司的"去碳化"目标和进程相对激进,普遍先于北美公司做出了"净零"承诺。另外,欧盟的净零排放核算边界涵盖了范围3的排放。2022年美国《通胀削减法案》正式落地,承诺在未来10年内向气候和能源方向投资3 920亿美元,为美国低碳板块的增长提供了动力。近年来,国际石油公司在美国的低碳并购活动明显增加。

最后,技术引导创新。公司重视技术迭代带来的成本优势。大型石油公司收购技术前沿公司或直接投资新技术,比如未来全球计划建设的CCUS项目中约81%将采用产业链集群模式,通过共享设施整合不同行业环节的二氧化碳排放源,提高规模效益,降低成本和开发风险。此外,石油公司也重视收购掌握关键技术的公司,如碧辟、壳牌近年来均收购了美国可再生燃料领军公司。

（3）石油公司价值链优化

第一,企业发挥优势,推动产业链拓展。各大油企根据自身优势,推动产业链横向和纵向拓展,并采取多样化战略路径。道达尔能源发挥资产组合区域优势,在富油盆地核心区投资光伏、风电、CCS等新能源项目。碧辟、壳牌发挥市场优势,在电力零售和能源服务领域完成多项重大投资活动。埃尼发挥管理优势,建立独立公司围绕油气业务和新能源,建立合资公司管理安哥拉LNG业务。艾奎诺结合技术与资源优势专注于海上风电。美孚与雪佛龙分别发挥市场及技术优势,大力投资发展CCUS和生物质能。中国石油、中国石化分别发挥作为国家石油公司的资源优势,积极部署CCUS与绿电生产。

第二,积极寻找低碳业务与油气业务的连接点。在低碳排盆地部署油气项目。碧辟投资于低碳排放盆地,如美国陆上的Permian。道达尔能源在全球多个低碳排盆地加强投资,该类油田碳排放强度均低于其设定的门槛值19千克CO_2当量/桶。通过电气化、CCUS等降低油气业务碳排放。艾奎诺的Hywind项目为油气平台提供电力,埃克森美孚大力开发商业规模的二氧化碳捕集技术,在全球油气产区布局CCUS项目。此外,布局天然气、一体化LNG等低碳排油气业务依然是各大国家石油公司的战略重点。埃尼持续扩大资产组合中天然气比重,壳牌致力于成为一体化天然气项目的领军者,投资多个一体化油气项目。

第三,低碳发展更趋务实,组合优化常态化。国际石油公司设定新能源项目投资收益率目标为9%～10%,普遍低于对油气板块15%～25%的盈利要求。为了提高低碳投资组合的回报率,国际石油公司正在灵活优化其新能源资产组合。例如,艾奎诺向埃尼出售其在 Dogger Bank 海上风电项目的10%的权益;道达尔能源宣布到2030年新能源装机容量将达到100吉瓦,同时减少50%新能源项目的权益。另外,壳牌子公司以6亿美元的价格出售了总容量为340兆瓦的两个电力资产。壳牌也在考虑出售其可再生能源发电业务,或仿效埃尼的可再生能源业务模式推动其独立上市。

(4)组织变革与技术创新支撑国际石油公司能源转型战略实施落地

为更好地执行能源转型战略,国际石油公司率先开展业务板块重组,业务结构由油气与新能源并举发展转向并重发展,引领新形势下的组织架构变革。传统上,一体化的国际石油公司长期按照上中下游及其他划分业务部门并披露分部信息。2020年,碧辟提出重塑已有百年历史的业务架构和管理模式,拆分原有的业务部门,聚焦"业绩增长"与"持续转型",划分为四个板块,包括生产与运营、客户与产品、天然气与低碳能源以及创新与工程,并组建战略与可持续发展、地区事务与城市低碳解决方案、贸易与航运三大集成组织,最大化挖掘新的增长机会、配置资金并实现价值创造。壳牌在2021年提出"赋能进步"业务战略,强调以客户为中心的业务组合,围绕转型划分为未来增长型业务、转型支撑业务和传统油气业务,其中未来增长型业务由市场营销、可再生能源和能源解决方案组成,分别聚焦润滑油、低碳燃料、加油站、充电桩以及电力一体化、碳汇和氢能等领域,而将天然气一体化、炼油化工定位为转型支撑业务。区域公司埃尼同样将原有的六大业务板块整合为两个新业务板块,即自然资源板块和能源进化板块。即使转型战略相对稳妥的美国国际石油公司也在组织架构方面主动作为。2022年初,埃克森美孚将化工和下游业务公司合并,按照油气、产品解决方案及低碳解决方案三个板块构建资产组合。

技术创新始终是大型国际石油公司领导全球油气行业发展的基石,在能源产业由"资源＋资本主导"向"技术＋资本主导"转变的过程中,能源转型战略驱动国际石油公司加速探索关键技术。一方面,"负碳"技术持续成为国际石油公司能源转型战略下关注的重点,既服务于现有高碳油气业务脱碳,又使得商业应用前景相对广阔;另一方面,制约新能源技术规模及效益的开发利用技术、多能互补技术和储能技术亟待突破,支撑国际石油公司获得在可再生能源领域的竞争优势。成立于1999年的雪佛龙科技风投公司于2018年推出首个未来能源基金,已累计投资超过20家公司,业务领域涵盖碳捕集、移动出行和储能,并于2021年启动第二个未来能源基金,投资3亿美元聚焦工业脱碳以及碳循环经济。挪威国家石油公司结合油气业务技术优势着重发展海上风电领域,充分发挥研发团队技术力量,并加大合作力度,持续培育核心竞争力。

三、能源转型成效和挑战

随着2022年全球油气价格进入上升通道,全球化石能源投资再次回升。与此同时,通货膨胀、供应链瓶颈以及政府对电力价格的严格管控使得新能源业务面临成本高、企业投资回报难以与油气项目竞争的挑战。以碧辟为代表的欧洲公司原本采取较为激进的低碳转型策略,因持续低迷的盈利表现和投资者压力而不得不放慢步伐,重新审视减排路线图的可行性,并回调油气生产目标,以改善投资效率,提高企业价值。

国际石油公司在转型过程中面临其他共性问题,包括低碳转型步伐的不均匀和在不同地区执行力的差异,以及如何平衡长期战略和短期财务压力。此外,能源价格波动和外部宏观经济因素也对公司的低碳转型进程产生了显著影响。

尽管挑战重重,国际石油公司仍然在以下三个主要领域取得了长足进步:① 低碳技术的规模化应用,特别是CCUS、低碳氢、生物质能等和油气主业协同较强的新技术、新业务获得实质性推动;② 资本支出和全球布局不断优化,通过聚焦核心区低成本、低碳排、大规模油气资源的勘探和开发,以最大化投资效率,提高油气供应的可持续性,强化传统油气资产组合的竞争力;③ 市场适应性和灵活性不断增强,在面对外部政策和市场的压力以及技术选择的不确定性时,公司能够通过商务模式创新、技术创新等措施,提高市场适应性和业务灵活性。

总体而言,国际石油公司在转型愿景和实际执行效果上还存在差距,需要时间来验证其转型策略的有效性。这一过程中,公司须统筹考量不同业务的发展模式、转型技术选择以及外部政策和市场的压力,以确保在全球能源转型的大背景下实现可持续发展。

(一)调整能源转型目标

国际石油巨头油气交易买方交易额度为 1 433.2 亿美元,买方占比由 2021 年和 2022 年不足市场比例的 1% 迅速升至 61.4%。卖方交易额度仅为 78.5 亿美元,油气资产净增持 1 354.7 亿美元,创造了自 2000 年以来新的年度增持高峰。

以碧辟为代表的部分欧洲低碳转型激进派于近两年遭遇现金流困境后,于 2022 年重新调整了其原有的转型节奏,不仅上调了油气产量目标、放宽了近期碳排放目标,还放缓了减持传统油气资源的速度。以埃克森美孚、雪佛龙为代表的美国石油巨头采取截然不同的态度,其采取通过强化在传统油气资源领域,特别是低碳排强度资产板块的整合力度和竞争力,并以传统油气为核心大力发展 CCUS 和 CCS 技术来实现降碳目标。

如图 2-12 所示,包括碧辟、雪佛龙、埃尼、埃克森美孚、壳牌、道达尔能源等国际石油公司从 2015 年到 2024 年的投资数据显示,油气领域依然是这些

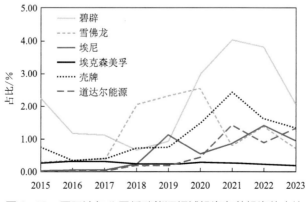

图 2-12 国际油气公司低碳能源领域投资在总投资的占比

公司投资的重点,占总投资的95％以上。大部分国际石油公司在低碳能源的投资占总投资的比例从2018年到2020年有所上升,但在2022年到2023年呈下降趋势。

近年来,受新冠疫情、俄乌冲突和通货膨胀的宏观经济形势影响,油气能源价格上升,且低碳能源的投资成本上升,导致低碳能源业务的商业吸引力降低。多家公司,如碧辟、壳牌和埃克森美孚,进行了沟通,将一定程度上从低碳能源投入和减排活动等业务上转移重心。

2020年,油气巨头中能源转型最为激进的公司——碧辟,曾承诺对其投资组合进行脱碳,计划到2030年将石油和天然气生产量从2019年水平上减少40％,并将数十亿美元投入风能和太阳能项目。然而,2023年2月,该公司宣布放弃这些目标,降低未来十年减排目标,放缓低碳转型节奏,向股东承诺将重金投入石油和天然气项目,并将其石油和天然气减产目标从40％调整为到2030年减少25％。同时,碧辟也宣布调整其减排目标,将范围3(消费者使用碧辟能源产品时的排放)的2025年减排目标从与2019年水平相比减少20％调整为减少10％～15％,2030年减排目标从减少35％～40％调整为减少20％～30％。策略重心转移导致这些公司在低碳能源的投资占比在近两年呈现下降趋势,大部分公司在2023年的投资占比下降至低于2020年的水平。

2020年至今,埃克森美孚是国际石油公司中低碳能源投资占比最少的公司,始终低于0.5％,2023年达到了历史新低近0.2％。碧辟是国际石油公司中低碳能源投资占比最高的公司,虽然2022年到2023年也见证了投资下降,但始终超过总投资的2％。

碧辟在2025年之前新能源业务整体很难实现盈利,其中风电光伏的投资收益率较为有限,生物能源和电动车充电等预期收益较高,能够达到15％左右。因此,碧辟计划在2030年前向生物质能、电动车充电和便利零售领域增加共80亿美元的投资,在风电光伏和氢能等低碳能源领域,则维持2022年的投资规模,没有额外增加投资的计划。

壳牌作为较早启动能源转型的石油巨头之一,也在放缓新能源业务扩张,并计划剥离某些电力资产。2017年,壳牌收购了欧洲最大的电动车充电公司 NewMotion,成为石油巨头中正式迈入电动车充电市场的第一家。壳牌在风电、太阳能领域也都有相应的行动。

　　壳牌曾经将自己定位为海上风电潜在的市场领导者,并通过在荷兰、英国和美国进行项目扩张,从而进入海上风电领域。但自 2023 年以来,由于市场环境艰难以及回报不佳,壳牌正计划逐步出售在英国的能源销售公司,并退出英国、德国和荷兰的零售能源市场。在风电市场方面,海上风电行业成本上涨和供应链限制,导致回报率下降,壳牌的一些风电项目随之搁置。2023年 6 月,壳牌提出计划在 2025 年之前剥离某些收益水平较差的电力资产,并且会对可再生能源项目进行选择性投资。

（二）优化油气资产组合

全球一体化公司油气业务:投资逐渐减少,出售长期保持较高水平

　　全球一体化公司为应对长期需求下降及公司低碳转型发展的需要,油气业务投资交易数量逐渐减少,出售数量保持高位。如表 2-2 所示,2018 年和2019 年的全球一体化公司油气业务投资分别为 43 宗和 46 宗,在 2020 年迅速减少到 24 宗,到 2021 年全年油气业务投资数量下降到仅有 19 宗。然而,全球一体化公司的油气业务资产出售数量长期保持在高位,这四年分别是 2018年 32 宗,2019 年 47 宗,2020 年 32 宗和 2021 年 45 宗,资产出售的活跃度明显高于投资。根据各家全球一体化公司公布的战略显示,传统油气业务投资水平长期处于低位将成为常态。

表 2-2　2018—2021 年 53 家石油公司油气投资和出售数量统计表　单位:宗

石油公司		2018 年	2019 年	2020 年	2021 年
国际石油公司	油气投资	43	46	24	19
	油气出售	32	47	32	45
国家石油公司	油气投资	37	31	11	23
	油气出售	13	5	9	9
区域型公司	油气投资	94	108	36	43
	油气出售	35	38	26	42
独立勘探开发公司	油气投资	42	39	27	20
	油气出售	50	52	31	23

石油公司		2018 年	2019 年	2020 年	2021 年
中国石油公司	油气投资	7	3	1	3
	油气出售	6	3	5	4

国家石油公司油气业务:投资减缓,但仍显著高于出售

国家石油公司在这四年的资产交易趋势与国际石油公司有显著不同,历年的资产投资交易数量都显著高于出售,2018 年至 2021 年的油气投资数量分别为 37 宗、31 宗、11 宗和 23 宗,油气出售数量分别为 13 宗、5 宗、9 宗和 9 宗,侧面体现出国家石油公司抵抗市场油价冲击的能力更强,战略考量更多元,在追求高利润的同时也将油气资源的能源保供属性置于突出位置的特点。

区域型公司油气业务:投资下降幅度大,出售较为平稳

区域型公司的油气投资在 2018 年和 2019 年处于活跃状态,交易数量分别为 94 宗和 108 宗,这段时间也正是油价震荡中一段相对平稳的平台期,买卖双方对资产价值的认知相对一致。但随着 2020 年开始油价开始出现震荡并较长时间处于低位,区域型公司的投资热情迅速消散,油气投资数量下降到 2020 年 36 宗和 2021 年 43 宗,油气出售数量在 2020 年和 2021 年分别为 26 宗和 42 宗,与油气投资数量基本持平。

国家石油公司重视维持油气产量稳定

国家石油公司倾向于维持各自区域内油气生产的稳定,四年间储量变化不显著。在生产方面,国家石油公司在中东地区产量占比下降 2%,主要是由于沙特阿拉伯近年来维持其在"欧佩克 +"联盟中的核心地位,必要时发挥减产量、稳油价的作用。俄罗斯同作为"欧佩克 +"的核心成员,亦履行减产义务,四年间产量绝对量虽有下降(约 224 千桶 / 日),但下降幅度不及沙特阿拉伯等中东国家,产量总体占比略有上升。

区域型公司、独立勘探开发公司回归本土和强势区域

从整体上看,区域型公司和独立勘探开发公司近年来均向本土和强势区域集中。北美独立勘探开发公司如美国康菲、加拿大自然资源等公司开始收缩自己的海外业务版图,重视本土发展,使得其在欧美的储量占比上升

5.6%、产量占比上升 5.1%,增幅最为显著。在区域型公司中,亚太和俄罗斯本土企业持续扩张,储量和产量占比均有一定幅度增长。

中国石油公司国内增储上产和海外拓展并举

2018—2021 这四年来中国石油公司虽然持续开展海外业务,但国内资源比重达 95%,重心仍在国内。受增储上产战略导向影响,国内产量增幅最大(亚太产量增加 463 千桶 / 日,占比上升 2.2%),在欧美地区产量占比有所下降(约 0.6%)。

(三)业务向低碳倾斜

在新形势下,国际石油公司正加速进行资产组合的优化,以应对油气供需及油价波动的长期挑战。2020 年,超过 2 300 亿美元的减值和资产注销凸显了资产组合优化的紧迫性。自 2014 年油价暴跌后,各公司就开始了战略调整,而自 2019 年下半年起,这一调整进一步加速。资产组合优化的方向主要表现在油气业务的聚焦、区域布局的精准化、资源类型的重新评估、业务发展与现有资产的协同,以及投资向低碳项目的倾斜。

油气业务的聚焦体现在各公司倾向于成为特定资源领域或地区的领军者,而非广泛持有多元化的投资组合。例如,油砂行业所有权的集中化,以及LNG 领域的高集中度,都是这一趋势的体现。在区域布局方面,各公司正从广泛地全球布局转向深耕细作有限区域,如碧辟退出多个前沿勘探区块,埃克森美孚退出部分国家资产,艾奎诺缩减国家资产分布,这采取的一系列措施有助于形成税务和管理上的协同效应,加强资本市场的青睐。

在资源类型的重新评估中,天然气因其在能源转型中的重要性而被加强布局。壳牌、碧辟、道达尔能源等公司通过并购动作强化了对天然气资产的布局。与此同时,一些技术复杂或碳强度高的资源类型,如煤层气、酸气等,逐渐被边缘化。业务发展与现有资产的协同表现在勘探新项目时对快速回报项目的关注,以及通过并购和处置优化资产组合,提高资产管理和决策效率。

投资向低碳项目倾斜是响应全球双碳政策的必然选择。标普全球预测,到 2025 年,国际石油公司的低碳投资将显著增长,其中碧辟和埃尼的低碳投资占比将达到 20%~30%,而艾奎诺、壳牌、道达尔能源的低碳投资占比将升至 10%～20%。美国公司如埃克森美孚、雪佛龙则更注重油气核心业务的衍生低碳战略,低碳投资增长相对保守。

2020 年,国际石油公司共削减了 34% 的资本支出,这次削减对油气业务量的影响是 2014 年的两倍。这促使公司将投资重点放在低成本、资源规模较大的资产上,尤其是中东、北非等区域的资产。这些区域虽然财税条款较为苛刻,但资源确定性高且成本低,为公司提供了稳定的投资回报。

国际石油公司在新形势下的资产组合优化是一个全面而深入的过程,涉及油气业务的聚焦、区域布局的精准化、资源类型的重新评估、业务协同的加强以及低碳投资的倾斜。这些调整不仅体现了公司对市场变化的快速响应能力,还展现了其对长期可持续发展和股东价值最大化的承诺。面对未来的市场挑战,公司需要继续推进资产组合的优化,以适应全球能源结构的转型和低碳发展的需求。

从 53 家油气公司的样本数据来看,国际石油公司正在收缩全球区域的布局,将重点集中于政策、资源和产业链适合自身特质的区域和国家。美国全球一体化公司如埃克森美孚从北海、马来西亚、越南等地区退出,将资源聚焦投入美国本土和美洲、中东、非洲等核心区域。欧洲全球一体化公司如碧辟等受到本国政策和投资者倾向影响,逐步剥离分布在全球的碳排放量较高、资本较密集的投资组合。同时,也通过发展天然气业务积极推进低碳战略。值得一提的是,受到俄乌冲突影响,欧洲公司正快速出售在俄资产和业务。资源国国家石油公司暂缓了海外拓展的步伐,开始加快对本土油气资源的开发进程和进度。

美国全球一体化公司开始专注于美洲和美国本土油气的发展,减少对其他地区的投资。美国全球一体化公司的代表——埃克森美孚主要在北美洲和中东、拉美从事油气业务,其核心区域为美国二叠纪非常规资产、加拿大资产等美洲本土资产,及包括安哥拉深水资产、卡塔尔 LNG 资产在内的大型低成本资产,新的勘探前沿区块包括埃及海上、哥伦比亚等地区。埃克森美孚公司为应对油气市场低迷的整体环境,采取了包括剥离非核心区域资产、释放资金、聚焦核心区域资产等在内的一系列措施。

埃克森美孚公司目前可采储量约 360 亿桶油当量,主要分布在北美洲

（55%）、中东（17%）、拉丁美洲（11%）和大洋洲（7%）四个核心区域。其中美国本土储量占近 35%，是油气发展的绝对核心。

为了聚焦于核心区域发展，埃克森美孚 2019 年提出通过 5 年时间剥离 250 亿美元的资产，从该计划提出至 2022 年上半年，共完成 96.3 亿美元的资产处置。其中包括欧洲地区非核心资产（如英国北海、挪威、德国和罗马尼亚）65.6 亿美元，占处置总额的 68.1%。此外，东南亚（印度尼西亚和马来西亚）和非洲（乍得、赤道几内亚和尼日利亚）等地区的资产也均受到影响。

通过此举，埃克森美孚实现了有效退出欧洲油气业务，释放了资金投入其重点核心区域的油气田开发，包括圭亚那和巴西的近海深水项目、加拿大的油砂岩项目和阿根廷及美国二叠纪盆地的页岩油项目。通过聚焦核心区域优质资产，实现了快速投资回报和资产盈利能力。

欧洲全球一体化公司压缩油气业务，从原有核心区域撤离。欧洲全球一体化公司的代表——碧辟正处于能源转型的变革期，既依赖油气资源业务带来的高额现金流，又需要新能源业务以满足监管和股东的期待。自 2018 年以来，碧辟持续从阿曼、美国、俄罗斯等地区剥离非核心资产，出售交易总价超过 150 亿美元。截至 2021 年底，碧辟在全球 30 多个国家从事油气业务，核心资产为澳大利亚 LNG 和墨西哥湾等。道达尔能源在 2014 年油价下跌后整体勘探投资也逐年下降，但其重点一直集中在撒哈拉以南非洲和美洲。其在纳米比亚的大型发现有望让纳米比亚成为撒哈拉以南非洲地区的第三大产油国。

独立勘探开发公司维持对核心资产邻近区块的油气投资。独立勘探开发公司的代表——埃尼一直将自主勘探作为其获取石油资源的主要渠道，新的勘探前沿区块包括加拿大、墨西哥浅水区块、格陵兰岛前沿深水勘探区块和缅甸海上区块。埃尼公司持续加强对核心区块外围的探索，2022 年 1 月，埃尼在埃及原已持有的陆上及海上区块基础上再获得 5 个勘探许可，进一步扩大了区域内的布局。同时，埃尼的资产剥离交易标的主要为自主勘探成功区块的非作业权益，以此获得大量收益支持新的勘探作业。

图 2-13 是国际石油公司分地区投资与出售数量示意图，总体来看，北美依然是全球油气交易最活跃的市场，价格参数较为透明，区域型公司参与较

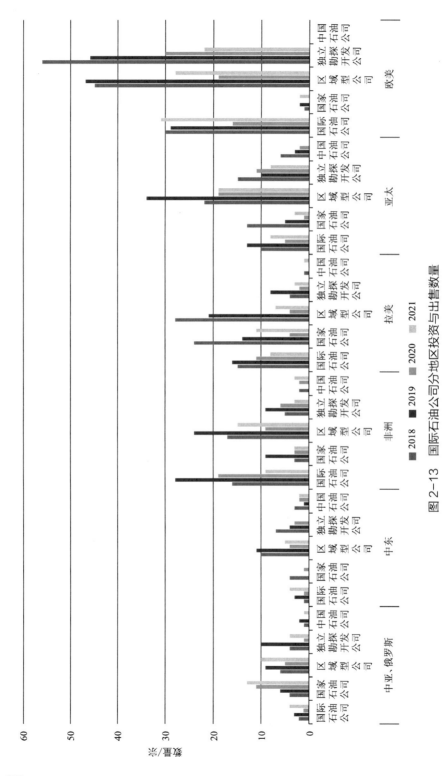

图2-13 国际石油公司分地区投资与出售数量

多,但大型交易主要集中在拉美和非洲地区。中国石油公司的交易活动正从较均匀分布在全球各油气市场向"一带一路"沿线集中。

(四)机遇和挑战并存

油气公司在低碳转型的道路上既面临挑战也充满机遇。外部政策和市场的压力以及内部业务模式和技术选择的不确定性构成了主要挑战。然而,随着新兴技术的成熟和对区域能源市场、政策动向的敏锐把握,油气公司迎来了转型的黄金时期。

在机遇方面,油气公司可以通过增加投资和拓展发展方向来"做大",这包括油气与低碳、新能源的协同发展,以及低碳油气与新能源双线并行的策略。技术进步和创新为公司"做强"提供了可能,通过规模效益在核心油气盆地建立低碳、低成本油气生产的优势,并共享减排技术和基础设施以增强在碳减排领域的领导地位。油气公司还可以利用自身在市场、资产、管理和技术等方面的优势,"做优"产业链的横向和纵向拓展,通过多维度的创新和资产组合的不断优化,实现更高效的低碳转型。最后,"做实"意味着将低碳战略转化为具体的行动和项目,如引入新能源项目与油气项目协同发展,采用 CCS 等技术来降低排放,这需要结合公司自身情况和所在国家和地区的外部环境。

在挑战方面,政策与市场的不确定性给油气公司的转型带来了压力。各地能源政策、地缘政治和经济环境的差异使得公司在全球范围内的转型策略必须具有灵活性和适应性。例如,欧洲的油气公司面临更严格的减排目标和多变的政策环境,这要求它们在战略规划和执行上更为谨慎和创新。

转型初期的未知性也是一个重要挑战,因为大多数油气公司正在探索低碳转型的路径和发展策略。虽然现有的技术有助于降低排放,但公司需要部署结构化的减碳技术和资产以实现根本性的改变。此外,风险与收益不匹配的问题也不容忽视,低碳项目的预期回报往往较低,公司在决策时必须仔细权衡投资风险与回报,确保低碳投资在长期内可持续且盈利。

综上所述,油气公司在低碳转型的过程中,需要在把握机遇的同时,积极应对挑战,通过战略规划、技术创新和市场适应性,实现可持续发展的目标。

第三章

低碳发展趋势和启示

在 21 世纪的今天,全球能源格局正经历着深刻的变革。在这场全球浪潮中,没有哪一个国家可以置若罔闻、独善其身,如何顺应潮流、把握机遇,主动或被动地适应能源低碳转型以及因此带来的政策方案、体制机制、产业链供应链布局等一系列深刻变化,已是全球各国共同面临的紧迫任务。

本书前两章深入探讨了国际石油公司的发展历程、资产组合、发展重点和优势,以及它们在能源转型之路上的策略和路径。这一章将进入本书的第三部分——低碳发展趋势和启示。在这一部分,我们希望在回望历史、梳理现状的基础上,进一步深化对未来趋势的理解,以期结合我国石油公司的特点,对新形势下的可持续发展道路提出思考。

本章将进一步深入剖析全球能源转型趋势下不同国家采用的相关政策导向与实施策略。通过分析美国、英国、阿联酋、印度尼西亚和乌干达等国家的能源政策变化情况,揭示不同国家在推动能源转型方面的多样性和共性。这些国家,无论是在经济发展水平、资源禀赋还是地理位置上,都具有各自的特点,它们的能源转型之路面临着不同的挑战。

通过跟踪了解不同国家的能源转型政策,我们可以更好地把握未来能源发展的脉络,更深地理解全球化合作中地面综合风险环境的变化趋势,从而找到符合自身需求的、可持续发展的道路。

我们将结合习近平新时代中国特色社会主义思想,特别是生态文明建设和绿色发展理念,探讨我国石油公司在当前全球能源转型大背景下的发展方向和策略。

一、典型资源国低碳发展政策

在全球范围内,应对气候变化已然成为各国政府的核心议题之一。围绕应对气候变化这一目标,世界各国制定和实施了一系列应对气候变化的战略、措施和行动,提出了更积极的碳排放目标。目前,全球已有 158 个国家／地区提出了"净零"排放的目标,其中,有 90％的国家／地区设定在 2050 年实现"碳中和",但是大部分国家的"净零"目标缺乏法律效力的约束,仅有 9 个国家通过立法形式明确"净零"目标。

发达经济体与发展中经济体在实现"净零"目标方面存在明显差异。欧洲、北美等发达经济体已为"净零"目标立法推动强制执行,但发展中国家推动较缓慢,尤其是非洲国家,原因是非洲碳排放只占全球碳排放的 3％,便认为自身已经满足碳排要求,没有额外减碳义务。

全球碳排放现状与国际能源署等机构倡议通过消减化石能源以实现"净零"的情景模型的排放预测有较大差距。1990—2023 年化石能源在全球一次性能源结构中的比例基本保持在 80％～83％,全球碳排放总量整体仍呈现上升趋势,2020—2022 年碳排放总量下降,主要是因为疫情导致全球经济活动受限,从而减少了能源需求。埃克森美孚近期发布的 2050 年全球能源展望显示,2000—2021 年,全球碳排放量增加的主要驱动力是人口与经济的增长,这一时期全球 GDP 增长了约 80％。预计到 2050 年,世界经济总量将增长一倍以上。在能源需求无重大结构性变化的前提下,技术对减少能源系统的碳排放至关重要。通过提高能源利用效率,部署低碳、零碳、负碳技术有望使全球碳排放下降约 65％,而实现 1.5 摄氏度的温控目标需要将碳排减少 90％或更多。

此外,各国的经济发展阶段、油气资源禀赋等因素也决定了在能源市场中的需求差异、减排的实施意愿和进度。随着全球能源消费结构持续向发展中经济体转移,预计到 2050 年,非经合组织国家的能源需求将占全球能源需求的 70％,北美和欧洲等经合组织国家的能源需求将从 2021 年的约占全球一次能源总消耗的 30％下降至 2050 年的 20％。目前,大部分非洲国家首先要解决的是"能源贫困"问题,欧洲国家倡导的电气化转型模式在非洲难以实施。非洲石油生产国组织表示非洲的生活方式尚未达到发达经济体的平均水平,所以不会遵循发达国家提议的转型时间表。而欧洲则试图通过绿色能源转型降低对进口油气的高度依赖,但俄乌冲突、巴以冲突等对油气贸易的干扰暴露了欧洲能源体系的脆弱性,迫使欧洲国家通过重启高碳排的煤电设施以度过能源危机。

(一)美国

美国制定了雄心勃勃的气候目标:到 2050 年实现净零排放;到 2030 年温室气体排放量将比 2005 年降低 50%。为实现这一目标,美国将加快淘汰化石燃料发电,大力发展可再生能源和核能,在交通运输领域推广电动汽车和利用其他清洁燃料的汽车,在建筑和工业领域推广节能减排技术。

美国将通过以下方向实现净零排放:电力脱碳、电气化终端使用和转向其他清洁燃料、减少能源浪费、减少甲烷和其他非二氧化碳排放、移除并长期封存二氧化碳。

为了实现美国的 2050 碳中和目标,政府计划拿出 2 万亿美元,用于基础设施、清洁能源等重点领域的投资。具体措施主要有:在交通领域的清洁能源汽车和电动汽车计划、城市零碳交通等;在建筑领域,建筑节能升级,推动新建筑零碳排放等;在电力领域,引入电厂碳捕集改造,发展新能源等。同时,加大清洁能源创新,成立机构大力推动包括储能、绿氢、核能、CCS 等前沿技术研发,努力降低低碳成本。

(1)油气行业是美国实现净零排放的重点关注领域之一。政府将加强对甲烷等非二氧化碳温室气体的管控,包括在油气开采、运输和加工环节,淘汰高排放的老旧设备,推广新技术,并加强对氢氟碳化物的管控,到 2036 年将其生产和进口量减少 85%。美国还将通过加强森林保护和植树造林来提高土地碳汇能力,发展直接空气捕集等二氧化碳去除技术,支持农业和林业的可持续实践。

作为全球最大的石油生产国和 LNG 出口国,美国在维护国际能源安全方面扮演了关键角色。随着清洁能源投资的潮流,美国现已成为全球第三大可再生能源投资市场、热泵制造业和电动汽车销售市场,且利用其在技术创新方面的领先地位进而推动全球清洁能源的转型。

（2）《通胀削减法案》是美国历史上针对气候变化、清洁能源、医疗保健成本和财政管理的重要立法之一。该法案于 2022 年 8 月 16 日由总统拜登签署,预计将投资约 3 690 亿美元于气候和新能源项目,以及 610 亿美元于平价医疗补贴,旨在减少政府赤字约 3 000 亿美元。《通胀削减法案》是环境保护与经济增长协同发展的典型气候政策实践。该法案以应对气候变化作为切入口,全面降低气候转型的各类成本,将精准支持"降碳"与降低通胀的经济目标相结合,同时支持"美国制造",鼓励本国油气企业加大对 CCS、直接空气捕集等关键减排技术的投资。此外,《通胀削减法案》还提出对这类项目提供长达 12 年的税务减免优惠政策,这对油气企业具有较大的吸引力。仅 2023 年,美国油气公司在本土近百个可再生能源项目上就投资超过 2 000 亿美元,这些项目均可以依据《通胀削减法案》申请补贴和税收抵免。

《通胀削减法案》对能源领域的影响深远,这一巨额财政承诺标志着美国能源战略向低碳能源转变,与全球抗击气候变化、减少碳排放的努力保持一致。在法案出台之前,预计到 2030 年美国年低碳能源支出的增长率将适度上升至 1 000 亿美元左右,较现在的大约 800 亿美元有所增加。《通胀削减法案》的颁布将美国置于全球能源转型的前沿,为其他国家树立了榜样。具体政策主要包含以下四个方面:激励清洁能源消费、促进清洁能源生产、改善绿色电力供应、实现减排目标。

在《通胀削减法案》中提及 CCUS 和电池行业是非常重要的,因为它们对可持续发展和经济韧性有着重要贡献。将 CCUS 计划纳入该法案与全球减少温室气体排放、缓解气候变化的努力相一致,既能解决长期的环境挑战,又能促进清洁能源领域的技术创新和就业创造。同样,将电池行业纳入法案中有助于提升能源效率、电网稳定性,并推动可再生能源的整合,这些对于减少对化石燃料的依赖和增强能源安全至关重要。

（二）英国

英国政府计划在 2050 年实现净零排放,并制定了全面的减碳计划,包括

2021 年的《净零战略》和 2023 年的《净零增长计划》。英国制定了具有法律约束力的碳预算,对英国五年内的温室气体排放总量进行限制。从 1990 年到 2023 年,英国经济总量增长了 66% 的同时,已经将排放量减少了 49%,成为 G7(美国、英国、法国、德国、日本、意大利、加拿大)国家中脱碳速度最快的国家。英国在 2050 年实现净零排放的目标指日可待,但前提是需要各种减碳措施的成功实施,包括短期内实现零常规火炬燃烧、关闭成熟资产与长期利用 CCS 等新科技。

据睿咨得能源预计,到 2030 年,成熟油田的关闭停产将减少 590 万吨到 650 万吨的排放量,而零常规火炬燃烧则可再减少 140 万吨的排放量。这将使英国大陆架的排放强度从 2023 年的约 22 千克二氧化碳每桶油当量降至 2030 年的约 17 千克二氧化碳每桶油当量。

然而,关闭老化油田并不足以彻底快速减少排放。2050 年前的进一步脱碳可能需要更重大的变革,包括电气化、CCS 以及提高现有和新建氢能生产设施的效率。英国目前着重利用海上风电、氢能和 CCS 来减少碳排放,据睿咨得能源预计,英国脱碳目标的 60% 来源于上述三种形式。

(1)针对海上风电,英国通过从收入端的差价合约机制、技术端的生产平台电气化研究,以及海上风电项目许可证等方面来实现更加绿色的电气化发展,这预计会使得英国在 2030 年的海上风电装机容量增加 33 吉瓦。英国也同时提出 CCS 投资者计划和通过 CCUS 实现低碳氢能来加速脱碳。

(2)在氢能方面,英国推出了《十点计划》,预计在 2030 年实现 5 吉瓦的低碳氢能产能和推广可持续航空燃料的目标,并支持开发创新型低碳氢能解决方案的项目。英国提出利用低碳氢能在未来十年将减少排放 4 100 万吨二氧化碳当量,相当于同期 7 亿棵树吸收的二氧化碳量。

(3)在 CCUS 方面,英国政府的 CCUS 投资者计划于 2022 年 4 月发布。该计划概述了政府和工业界对脱碳的共同承诺,据此,工业部门的碳排放量约占英国排放量的 16%。七个工业集群被确定为部署 CCUS 的目标地,这些集群的排放量约占英国工业部门总排放量的 50%。2023 年,北海过渡管理局向埃尼、碧辟、艾奎诺、埃克森美孚等 12 家公司发放首批 20 个海上 CCS 许可,目标是在 2030 年每年封存 3 000 万吨二氧化碳,相当于英国年排放量的

10%,并拨款 200 亿英镑支持。这一举措展示了英国在完善 CCS 法律监管框架后迈出的实质性步伐。

英国的碳价机制分为碳税和排放交易计划两个部分。与适用于欧盟的碳排放交易体系不同,英国脱欧后采取了仅适用于本国市场的碳排放交易体系。从适用行业角度,英国碳排放交易体系适用于能源密集型产业。从价格机制角度,英国 ETS 的价格由市场决定。

关于《北海过渡协议》方面,英国成立了北海过渡管理局,即前石油和天然气管理局,致力于最大限度地提高北海石油的经济采收率。北海过渡管理局与英国油气行业于 2021 年达成了《北海过渡协议》,旨在利用油气行业的力量,支持英国到 2050 年实现净零排放,实现能源转型。英国投入总预算 160 亿英镑,其中 30 亿英镑用于以低碳替代品取代油气平台上的化石燃料供电,30 亿英镑用于 CCUS,100 亿英镑用于氢能生产。该协议将通过政府与油气行业之间的长期合作来实现油气行业的转型。而这种合作的好处就是政府将提供北海油气生产以及其他碳密集型行业脱碳所需的技能、创新和新基础设施。在北海过渡管理局的协同下,英国油气行业的低碳政策主要从海上风电、CCUS、氢能、常规火炬燃烧、和油气减排五个方面着手。

(三)阿联酋

2024 年 1 月,即第 28 届联合国气候变化大会过后几周,阿联酋向联合国气候框架公约提交了第一份国家低碳发展长期战略,聚焦 2050 年净零目标,正式传达了 2030 年以后的长期目标。2021 年,阿联酋已宣布打算到 2050 年实现净零排放,作为阿联酋 2050 年净零排放战略计划的一部分。阿联酋的国家低碳发展概览显示了该国对 2050 年实现净零排放的承诺和采取的行动。阿联酋承诺通过减少温室气体的排放,采取自然解决方案或碳去除技术,将国内经济范围的温室气体排放量在 2050 年尽可能接近零,并从大气中去除任何剩余排放。

阿联酋制定了覆盖整个经济部门的途径,包括能源和水资源生产、工业、交通、建筑、废物和农业等。通过实施低碳发展战略,阿联酋预计到 2050 年其国内生产总值增长约 1 万亿迪拉姆,并创造大约 16 万个就业机会。最终,阿联酋希望成为绿色技术领域的重要参与者,并支持全球的脱碳计划。整体而言,阿联酋的国家低碳发展概览展示了其对气候行动的承诺和雄心,以建设一个可持续的未来。

阿联酋重工业部门是该国温室气体排放的主要来源,总排放量高达 103×10^6 吨二氧化碳当量。这些排放主要来自石油和天然气、炼油、石化、水泥、钢铁和铝的生产活动,其中石油和天然气、炼油、石化占比超过 50%。得益于优越的地质条件、先进的油藏管理技术以及对运营脱碳的持续投资,阿联酋的排放强度已经降至全球工业水平的一半以下。此外,阿联酋国家石油公司作为行业的领头羊,已设定目标在 2045 年实现净零排放。

面对当前的挑战,阿联酋采取了一系列战略性措施,推动工业部门向净零排放过渡,这对全球气候行动具有重要的影响力。阿联酋政府目前已经确定了四个主要的解决框架。

(1)将工业企业接入清洁电网:目前,石油、天然气及铝行业的国家级企业通常采用燃气轮机自行发电。将这些企业接入电网,便可以通过电网购买更多的可再生能源以减少排放,同时提高电网的负载平衡和电厂群的使用效率。预计到 2050 年,通过电网连接,电网排放减少,将减少工业部门 36% 的温室气体排放。此外,实施工业脱碳措施不仅能减少排放,还能提高工业设施的空气质量。这表明通过整合和优化能源管理,不但可以达到环保目标,而且能提升生产效率和环境质量。

(2)向清洁能源的转变:阿联酋特别重视太阳能和核能的发展,并在太阳能电站开发及核能能力扩展上进行重大投资。光伏板在实现净零路径下将成为主要的发电来源。在 2050 年之前,太阳能技术、和平使用的核能、反渗透、电池和其他形式的能量存储技术,将逐渐减少以天然气作为主要发电来源的依赖,并有潜力被氢能或其他替代能源取代。这种转变对于实现净零目标至关重要,因为它不仅将推动电力和水资源行业的脱碳,还将支持其他行业减少碳排放。

(3)CCS 的机遇:在油气行业,阿布扎比国家石油公司已经建立了该地区首个商业规模的 CCS 设施 Al-Reyadah,其二氧化碳捕集能力达到 80 万吨/年。目前,公司计划到 2030 年将其碳捕集能力扩展到 500 万吨/年。这一扩展将显著提高阿联酋在全球碳减排努力中的贡献,并展示其在采用先进环保技术方面的领导地位。通过增加碳捕集能力,阿联酋不仅能减少温室气体的排放,还能优化能源生产过程的环境表现,这对于实现国家的净零排放目标至关重要。

到 2050 年,预计 CCS 将负责工业部门减少 32% 的温室气体排放。阿联酋还计划将 CCS 技术作为一种出口能力,通过开发新技术、设备和基于本地经验的工程及管理服务,来创造就业机会,加速出口,并应对全球市场的需求。

(4)改变生产技术工艺:在水泥生产中,传统的熟料将被焙烧黏土替代,以减少排放并降低生产的能耗强度。熟料替代将解决煅烧过程中不可避免的二氧化碳排放问题,并计划在 2030 年前实施。这将通过使用更便宜的原材料和降低能源需求来实现经济节省。通过这些综合性的战略措施,阿联酋正朝着工业部门的净零排放目标稳步前进,充分展现了其在全球气候行动中的领导力和承诺。

(四)印度尼西亚

印度尼西亚预计到 2060 年实现净零排放目标,这比之前宣布的 2070 年目标提前了十年。政府的目标是提供财政激励措施,刺激对 CCUS、电力及淘汰煤炭发电领域的进展,到 2060 年实现净零排放。

印度尼西亚政府的《公正能源转型伙伴关系》是一项旨在实现印度尼西亚能源行业脱碳和应对气候危机的重要举措。该计划于 2022 年 11 月 15 日在巴厘岛举行的二十国集团领导人峰会上启动,涉及印度尼西亚与包括美国、日本、加拿大和一些欧洲国家的合作,目标是在三到五年的时间内,筹集 200 亿美元的公共和私人资金,使印度尼西亚的能源部门向可再生能源转型。该举措强调公正过渡,重点是创造新的低碳就业机会、促进经济发展,以及减轻过度可能造成的社会经济损失。

(1)能源行业的脱碳是印度尼西亚实现碳排放相关目标的基石,有助于实现国家自主贡献目标和促进低碳可持续发展。在能源领域,印度尼西亚已经开始实施使用与结合不同的能源政策。印度尼西亚还将发展清洁能源作为一项国家政策。关于国家能源政策,印度尼西亚政府的目标为:新能源和可再生能源在国家总能源中的占比到 2025 年应至少为 23%,在 2050 年至少为 31%;石油在 2025 年的占比应低于 25%,在 2050 年应低于 20%;煤炭在 2025 年的占比应至少为 30%,在 2050 年应至少为 25%;以及天然气在 2025 年的占比应至少为 22%,在 2050 年至少为 24%。

(2)油气公司在印度尼西亚的 CCUS 项目开发中发挥着重要作用。2022年初,印度尼西亚能源与矿产资源部签署了加快 CCS/CCUS 项目执行的相关条例。该条例主要涉及承包商在其工作区域内实施 CCS/CCUS 的权利,项目审批和实施机制,经济激励措施,监测、测量、报告和验证要求,健康、安全、环境和社会方面,以及项目结束后的退役和移交责任。在油气领域实施 CCS/CCUS 时,部级法规涵盖了业务方案以及技术、法律和经济方面。

油气公司正在利用其长期开展地下资源开采所积累的相关专业知识与技能积极地制定战略,并建立大型专用封存中心,以封存各种来源的排放物,包括国际第三方的排放物。目前,至少有七个专用封存中心正处于开发阶段。通过与日本国有机构 JOGMEC 和埃克森美孚的合作,探索 CCUS 和氢能也是印度尼西亚国家石油公司的近期目标。

(五)乌干达

乌干达位于东非,长期被列入最不发达国家之列。其碳排放量位于全球第 171 位,占比约为 0.11%,对于世界气候的影响微弱。

基于现状,在全球共倡能源转型的背景下,乌干达政府首要保证国家的经济增长和能源安全。关于碳减排方面,虽然在多次采访中,乌干达的发言人有提到 2050 年达到碳中和,但这一信息并未出现在官方政府文件中,国家整体低碳转型动力相对较弱。

而近几年发现的油气资源为乌干达的经济发展带来了新希望,因此油气行业是国家现阶段重点发展对象。油气业务的发展,一方面可以为乌干达带来外部投资,促进国家经济发展;另一方面可以帮助乌干达改善能源供应结构,减少对木材燃料的依赖。

睿咨得能源认为,乌干达目前整体碳减排意愿弱,石油公司在当地发展油气资产时,可以一方面注意资产的能源效率和碳排放,加强逸散气体控制等技术的低碳化布局;另一方面注重与政府的合作,关注当地的能源转型需求,布局可再生能源系统与微电网,推动清洁炉灶使用等行动。这些不仅可以为公司带来碳信用额,还可以帮助当地发展,赢得政府与居民支持。

二、典型资源国的石油公司发展策略

在各国调整能源政策的引导下,国际石油公司通过整合其在油气行业内积累的资源、技术能力及脱碳技术,主动拓展到新能源领域,积极适应所在资源国碳合规相关政策要求。

为了应对挑战和掌握机遇,石油公司正在从传统的油气业务模式,通过循序渐进的脱碳策略,从基础的减少碳排放,到利用减排和新能源技术与油气生产产生协同效应,再进一步到通过新能源业务增加营收,向商业模式更为广泛的多能源业务转变。这种战略转型不仅响应了全球对可持续能源的迫切需求,还为公司创造了多能源协同效应,形成了有效的产业链衔接,增强了业务的多元化和竞争力。

石油公司减少碳排放的策略和措施包括但不限于以下五点。

(1)通过提高能源利用效率、无火炬燃烧排放/放空排放、最大程度减少泄漏、应用甲烷泄漏、检测与修复等技术减少范围1甲烷的排放;通过使用电网供电、于作业现场安装可再生能源发电设施、出售可再生能源设施生产的多余电力等方式将生产用能电气化;

(2)通过剥离高碳排放的资产和收购天然气资产等方式进行资产组合优化升级;

(3)通过利用伴生气为邻近油气作业提供电力,以及通过燃气单元销售伴生气等方式,实现伴生气利用和创收;

(4)通过捕集排放气体回注、出售CCS碳封存容量等方式利用枯竭油田实行碳捕捉与封存;

(5)通过CCS技术并利用伴生气生产蓝氢、发展绿氢及大规模可再生能源产能,例如太阳能、风能等方式发展低碳新能源生产。

下面选取了典型国家来分析不同石油公司的转型战略选择。

（一）美国

美国主要油气生产商埃克森美孚、雪佛龙以及一些本土公司积极践行低碳实践。

1. 埃克森美孚

埃克森美孚是全球最大的综合性能源公司之一，也是美国最大的石油和天然气生产商之一，在能源转型上积极推动和投资 CCS 技术的研究和应用。公司已宣布在 10 个 CCS 项目方面取得进展。位于怀俄明州的 LaBarge CCS 项目是美国最大的碳捕集项目之一，也是埃克森美孚的核心 CCS 项目，该项目每年可捕集约 700 万吨二氧化碳当量。同时，公司正在讨论对下一代燃料电池碳捕集解决方案进行试点测试的提案。

2. 雪佛龙

雪佛龙致力于通过内部研发和外部投资，在美国推动一系列减排项目和创新技术的发展。雪佛龙认为 CCS 技术是实现"净零"排放目标的关键，正在探讨多个与 CCS 相关的项目和技术，包括其位于加利福尼亚州的一些设施中实施的 CCS 项目，以降低现有运营的碳排放。同时，雪佛龙正在研发和投资生物能源技术，特别是生物柴油和生物喷气燃料。雪佛龙通过其投资部门投资了多家生物能源公司。

在其传统油气运营中，雪佛龙也着重提高能源效率以减少碳排放。其位于安哥拉的 Mafumeira Sul 项目应用了多种技术，例如，在提高产油效率的同时降低碳排放，这一技术体现了雪佛龙提高能源效率和减排的策略。

3. 美国本土公司

美国的本土油气公司为了保持或提高其在美国资本市场的竞争力，通常把碳减排策略作为其长期战略规划的核心，制定和执行一套详细的、实际的行动计划，以确保它们能够满足未来可能更为严格的融资要求。

（1）切萨皮克能源公司（Chesapeake Energy）

切萨皮克近年来通过技术改造减少油气作业中的放空燃烧活动和甲烷排放，同时推动在作业中广泛使用太阳能发电，并积极参与植树、投资可再生能源等项目以实现碳抵消。

（2）先锋自然资源公司 [Pioneer Natural Resources（已被埃克森美孚收购）]

先锋自然资源通过优化运营和采取减排措施来应对气候变化的挑战,积极投资碳管理和减排技术,如通过电气化设备和自动化技术,以减少其运营中的温室气体排放。此外,先锋自然资源利用先进的监测技术,例如使用无人机和传感器,来监控和减少甲烷排放。与此同时,先锋自然资源通过不断的技术创新和优化运营实践,实现在保护环境的同时,提高运营效率。

（3）大陆资源公司（Continental Resources）

大陆资源尤其关注水管理和减排。例如,公司通过使用回收和再利用水的技术,减少其对淡水资源的需求。在减排方面,大陆资源开展了多个项目,例如,采用低排放的压井技术和设备来降低运营期间的碳排放。

（二）英国

英国油气行业处于生产成熟期,亟待解决产量快速递减和近期承担较重弃置义务的问题。活跃在英国油气行业的主要石油公司中,部分选择将英国资产处置剥离（康菲石油、雪佛龙、埃克森美孚等）,其余开始进行低碳转型实践（碧辟、壳牌、道达尔能源、艾奎诺等）。此外,英国油气市场还活跃着一批私募背景的独立石油公司,他们积极收购其他公司剥离的英国资产,通过税务协同实现资产额外价值,与此同时,他们也在积极践行低碳实践（海港能源、伊萨卡、尼奥能源）。

1. 碧辟

碧辟积极践行在英国的能源转型,计划到 2030 年,在英国的新能源领域投资 180 亿英镑。其主要投资方向为油气资产减碳、海上风电项目、CCS 项目和低碳氢能项目。在油气资产减碳方面,碧辟在保供基础上推动低碳油气开发,推进电气化改造,减少作业排放;在海上风电方面,碧辟与巴登符腾堡能源公司合作,在爱尔兰海开发了两个海上风电项目,总发电量预计达 3 吉瓦,同时投标 ScotWind,在苏格兰东海岸开发风电项目,装机容量约为 2.9 吉瓦;在 CCS 方面,碧辟正牵头与北方耐力（Northern Endurance）合作开发 Net Zero Teeside Power 项目,该项目建成后将成为世界上第一个具有碳捕集功能的商业燃气发电站,可为约 130 万户家庭供电;在低碳氢能方面,碧辟计划建设两个大型氢生产设施,即蓝氢生产设施和绿氢生产设施。

2. 壳牌

壳牌计划到 2032 年,在英国投资 200 亿至 250 亿英镑,其中 75% 以上用于低碳和零碳项目,包括海上风电、CCS 和电动汽车。在海上风电方面,壳牌计划与苏格兰电力(Scottish Power)合作开发 MarramWind 和 CampionWind 海上风电项目;前者位于苏格兰东北海域,离岸距离 75 千米,水深 100 米,装机容量为 3 吉瓦,后者位于东海域,离岸距离 100 千米,水深 77 米,装机容量为 2 吉瓦。在 CCS 方面,壳牌在英国参与了多个 CCS 项目,主要包括 Acorn 项目和 South Wales Industrial Cluster 集群项目。在 Acorn 项目中,壳牌负责技术开发,与海港能源等其他北海中游合作伙伴一起建造核心运输和封存基础设施,项目计划于 2030 年投产,届时预计可封存 1 000 万吨二氧化碳当量。

3. 道达尔能源

道达尔能源在英国的低碳转型投资重点是油气行业的降碳、风电项目和 CCS 项目。在油气行业降碳方面,油气生产减少天然气放空燃烧活动,同时下游中通过使用可再生生物聚合物提高生产润滑油和溶剂过程中的能源效率;在风电项目方面,道达尔能源投资位于苏格兰东海岸的 Segreen 项目,该项目装机容量为 1.1 吉瓦,可为 160 万英国家庭供电,此外,道达尔能源还计划投资装机容量 1.15 吉瓦的 Outer Dowsing 和装机容量 2 吉瓦的 West of Orkney 风电项目;在 CCS 方面,道达尔能源参与北方耐力的合作项目。

4. 艾奎诺

艾奎诺在英国的低碳转型投资重点是海上风电项目、CCS 项目和氢能项目。在海上风电方面,艾奎诺在英国运营着三个风力发电场,总装机容量为 749 兆瓦。目前,艾奎诺正在开发 Dogger Bank 海上风电项目,该项目计划于 2026 年投产,届时将成为全球最大的海上风电站。该项目位于英格兰东北海域,离岸 130 多千米,分为三期,每期装机容量达 1.2 吉瓦,可为 600 万英国家庭供电。在 CCS 和氢能方面,艾奎诺参与了 SWIC 集群项目中的 H_2H Saltend

项目,该项目计划建造装机容量为 600 兆瓦且具有碳捕集功能的旗舰制氢设施。

5. 海港能源

海港能源是英国大陆架最大的独立石油生产商之一,在英国积极践行低碳转型,投资重点是 CCS 项目,主要包括 Viking CCS 项目和 Acorn 项目。在 Viking CCS 项目中,海港能源占 60% 的权益,其合作伙伴为碧辟,该项目计划利用枯竭的 Viking 气田进行封存,并已获得政府提供资金支持的承诺。项目目标为建成后到 2030 年,年封存能力达到 1 000 万吨二氧化碳当量,该目标若实现,将占到政府 2030 年目标减排量的三分之一。在 Acorn 项目中,海港能源持有 30% 的非作业者权益,作业者是斯托利加(Storegga),其他伙伴还包括壳牌和北海中游伙伴(North Sea Midstream Partners),项目目标是到 2030 年,每年减少 St. Fergus 终端 1 000 万吨二氧化碳当量的碳排放,并通过重新利用 Golden Eye 输气管线将二氧化碳运输到封存地点。中国海油作业的 Buzzard 油田作为 St. Fergus 终端天然气重要的供应源,而 Acorn 项目开展需获得 Buzzard 伙伴的同意和支持,海港能源以其既是 Buzzard 伙伴也是 Acorn 伙伴的特殊身份,正在促成双方就项目商务模式、运输方式、制氢方案等充分探讨并力争尽早达成一致。

(三)阿联酋

与其他国家相比,阿联酋的特点是政府政策的权威性力度强,而能源和资源的绝大多数权益掌握在国家能源企业的手中。因此,在阿联酋牵头和主导能源转型的不是国际石油公司,而是形成了"政府主导,国家能源企业牵头,多能源类型发力,实践能源转型"的模式。当前,阿联酋的国家能源企业围绕重点能源转型,分别牵头推动试点示范项目。

1. 阿布扎比国家石油公司

阿布扎比国家石油公司牵头氢能发展,与阿联酋两大主权基金(阿布扎比发展控股公司、穆巴达拉公司)成立氢能联盟。阿布扎比国家石油公司利用其油气资源优势,独立主导蓝氢发展;穆巴达拉通过其技术和投资伙伴网络,为绿氢布局出谋划策;阿布扎比发展控股公司整合阿布扎比港口、机场、铁路、能源公司、核能公司等资源,支持和保障氢能的商业运转。

2. 阿布扎比国家能源公司

阿布扎比国家能源公司牵头负责太阳能光伏和风能的发展,以强化阿联酋太阳能在可再生能源领域的地位。当前的主要示范项目包括 Noor Abu Dhabi 太阳能园区、Al Dhafra 太阳能项目,以及建造 Masdar City,即全球首个由清洁能源(太阳能等)提供动力的"零碳排"城市。

(四)印度尼西亚

当前,油气公司在能源转型方面面临着相同的问题,即平衡未来发展与当前生存之间的关系。低碳业务是未来公司竞争的核心,也是公司未来现金流的引擎,而在当前环境下,油气业务仍是公司收入的主要来源。在投资者要求增加回报、政府要求提高能源供应能力、环境保护者要求低碳转型等多重压力下,油气公司也在根据自身能力和传统优势,进行差异化解决方案的探索。

活跃在印度尼西亚的国际石油公司比如埃克森美孚、碧辟,国家石油公司比如中国海油、马来西亚国家石油公司、印度尼西亚国家石油公司等大型油气公司都在碳减排等方面积极探索及行动,主要集中在 CCS/CCUS。印度尼西亚目前有 15 个 CCS/CCUS 项目处于研究和筹备阶段,包括东固 LNG、Abadi LNG、CEPU 油田、Kali Berau Dalam 气田、Sakakemang 气田、Gundih/Sukowati 气田,其中大部分预计将于 2030 年后启动,未有项目进入实际实施阶段。

1. 印度尼西亚国家石油公司

印度尼西亚国家石油公司拥有的 Gundih、Sukowati 气田宣布采取 CCUS 措施,每年有可能减少 30 万吨二氧化碳当量的排放,同时也有可能提高陆上油田的天然气产量。Gundih CCUS-EEGR 项目可能在 2026 年开始进入商业运营。

同时,印度尼西亚国家石油公司在 2023 年与印度尼西亚国有化肥公司和日本贸易公司三菱株式会社签署了合作协议,开发绿氢和绿氨。绿氢将被用来生产绿氨,而绿氨将用于燃煤电厂的氨共燃。

2. 碧辟/中国海油

以碧辟为作业者、中国海油为合作伙伴的东固 LNG 是目前印度尼西亚最大的 LNG 生产基地,高峰产值为 800 万吨二氧化碳当量/年。2021 年,包含 CCS/CCUS 项目的更新开发方案获得了印度尼西亚政府批准,可以进行费用回收,亦可接收第三方二氧化碳封存业务。

3. 国际石油开发帝石控股公司 INPEX

以国际石油开发帝石控股公司为作业者的 Abadi 气田 LNG 项目,二氧化碳含量为 9%～10%。LNG 液化厂捕集二氧化碳通过 180 千米管线输入油田范围内,利用 1～2 口井回注进行地质封存,回注规模为每年 310 万吨。2023 年初,包含 CCS/CCUS 项目的更新开发方案获得了印度尼西亚政府批准,预计 2032 年投产。

4. 埃克森美孚

以埃克森美孚为作业者的 CEPU 油田是印度尼西亚最大的在产油田,2020 年日产量约 22.9 万桶,且宣布计划开展 CCS 项目,但目前无进一步细节披露。

5. 马来西亚国家石油公司

以马来西亚国家石油公司为作业者的 Kali Berau Dalam 气田于 2022 年获得印度尼西亚政府批准包括 CCS 项目的更新开发方案。项目计划每年封存 200 万吨二氧化碳当量,相关设施建设费用可通过石油合同回收。该项目计划于 2026 年投产。

6. 雷普索尔

雷普索尔公司正在评估其南苏门答腊陆上 Sakakemang 气田上 CCS 项目的可行性,计划每年将捕集约 200 万吨二氧化碳当量。计划从 2026 年启动到 2040 年,在项目的整个生命周期内总计封存 3 000 万吨二氧化碳当量。但目前无进一步细节披露。

（五）乌干达

道达尔能源作为乌干达的主要油气作业公司，积极践行低碳实践。其作业的 Tilenga 项目是道达尔能源资产组合中典型的低碳排项目，当前碳排强度约 13 千克二氧化碳／桶，而道达尔能源资产组合的平均排放强度为 19 千克二氧化碳／桶。道达尔能源致力于通过电气化和改善用水措施等方式在乌干达能源转型和可再生能源开发利用，以及满足人们日常生产生活用能需要等方面发挥重要作用。其目前正在开展的项目包括以下四项：

（1）修复和重建了 20 平方千米的热带森林，并为 100 平方千米的天然林建立保护区，以保护黑猩猩的栖息地；

（2）将对默奇森瀑布国家公园的开发面积主动调整并限定在不超过公园总面积的 0.05％范围内；

（3）与政府签署 1 吉瓦规模可再生能源开发项目的谅解备忘录，并计划建造一个 120 兆瓦规模的太阳能园区开展研究；

（4）东非原油管道建成后将石油从 Kingfisher 和 Tilenga 途经坦桑尼亚输送到出口设施，该管道项目计划在其 1 443 千米的全管道沿途建立 6 座 10 兆瓦的太阳能发电站。

通过分析和比较，我们不难发现，即使是同一家公司，在不同国家的脱碳策略实施优先级也会根据当地政府要求、地理环境特点，以及当地业务在公众视野中的影响力而有所不同。

第四章

对我国石油公司能源转型的启示

在前序章节中,我们详细分析了国际石油公司的历史轨迹、资产布局、发展重点以及在能源转型过程中的策略和实践,也对典型资源国的低碳发展趋势进行了梳理和剖析。新形势下,典型公司的经验和做法,无疑为我国石油公司提供了宝贵的参考。在全球化的大背景下,有国际化发展诉求的我国石油公司不仅要面对国内能源结构调整的挑战,还要拓宽视野,真正参与全球竞争中,在国际舞台上展现中国企业的竞争力和影响力。

本章将从转型背景下油气资源在中国仍保有重要地位、中国政府"双碳"承诺及具体要求等方面出发,站在我国石油公司的角度,结合我国石油公司需要,在保障国家能源安全的同时,积极适应能源转型的趋势、实现可持续发展的实际发展需求,分析探讨我国石油公司在新时代背景下的机遇与挑战,给出我国石油公司主动适应全球新形势、新业态、新问题的低碳转型发展思路和策略以及所需保障措施的建议。通过这些分析和讨论,我们希望能够为我国石油公司的发展提供有益的启示和帮助。

一、油气资源对我国能源安全的重要性

相比发达国家,我国能源供给多元化不足。能源结构对煤炭的依赖程度较高,远高于全球平均 27.2% 的水平;而石油、天然气消费占比远低于全球平均 31.2%、24.7% 的水平。从中短期来看,我国"富煤贫油少气"的资源禀赋特点,决定了在未来一段时期煤炭仍将发挥主体能源的作用。

与全球能源消费结构相比,我国能源转型是一个系统性、复杂性的工程,传统能源逐步退出必须建立在新能源安全可靠替代的基础上。在当前的技术水平下,可再生新能源难以大规模地替代传统化石能源。

国内原油消费增长趋势强劲,需求主要靠进口来满足。原油对外依存度持续升高,2021年为72%。产量缺口主要由"一带一路"合作伙伴填补,"一带一路"合作伙伴进口量约占90%。根据《能源战略(2035)》预测,2035年不同情境下中国原油需求量在6.7亿~7.1亿吨,国内原油产量预计约为2亿吨,仍难以满足巨大的石油需求,对外依存度将持续居高不下。

在天然气方面,在推进煤改气的大背景下,天然气消费快速增长,产量稳步增长。天然气对外依存度相对稳定,2021年为43.7%。产量缺口主要由"一带一路"合作伙伴和澳大利亚填补,"一带一路"合作伙伴约占65%以上,对澳大利亚依赖性强,占30%。根据《能源战略(2035)》预测,2035年不同情境下中国天然气需求量在5 804亿~6 311亿立方米,在此情境下,2035年后天然气需求将保持增长趋势。综合考虑,天然气在增储上具备潜力,国内天然气产量在2035年预计能达到3 000亿立方米,但随着消费需求持续上升,对外依存度仍将维持在高位。

由此可见,在可预见的未来,油气资源对我国能源安全仍将具有重要意义,必须高度重视,提前谋划,精心部署。

二、中国政府"双碳"承诺及具体要求

2020年9月22日,国家主席习近平在第七十五届联合国大会上向全世界做出庄严承诺——"中国二氧化碳排放力争于2030年前达到峰值,努力争取2060年前实现碳中和",并由此建立了发展中国家减碳的中国模式,树立了大国担当的典范。在2021年的COP 26(第26届联合国气候变化大会)会议上,中国既坚守原则,又灵活斡旋,最终在《联合国气候变化公约框架》文件中坚持和重申了"共同但有区别"原则,有力维护了发展中国家的利益。继2023年COP 28会议后,振华石油和中国石油也相继宣布加入脱碳宪章。

中国已将碳达峰、碳中和写入"十四五"工作计划,对全国节能减排工作进行总体部署,加快经济社会绿色转型。2021年,中共中央、国务院印发了《关

于完整准确全面贯彻新发展理念　做好碳达峰碳中和工作的意见》,国务院印发了《2030 年前碳达峰行动方案》,把节能减排作为推进碳达峰、碳中和工作的重大举措。2022 年 1 月,国务院印发了《"十四五"节能减排综合工作方案》,明确了"十四五"规划推进节能减排的总体要求、主要目标、重点工程、政策机制和保障措施,为完成"十四五"规划节能减排目标任务、助力实现碳达峰碳中和提供了重要工作支撑。

党的二十大报告提出,"积极稳妥推进碳达峰碳中和",要全面贯彻党中央决策部署,以"双碳"工作为总牵引,全面加强资源节约和环境保护,加快推动形成绿色低碳的生产生活方式,促进经济社会发展全面绿色转型,建设人与自然和谐共生的现代化,为双碳工作的推进指明了方向。

总的来说,中国能源企业海外绿色低碳发展面临着多重挑战,但同时,我们也要认识到机遇同样存在。中东、中亚及俄罗斯、拉美都依赖油气收入,其油气主导地位不会动摇;中国优势在新形势下更凸显,有利于开创"一带一路"合作新局面;ESG、低碳要求持续施压,全球一体化公司仍将持续调整资产组合,带来一定的机会;宏观环境震荡,有实力开展大规模交易、战略性投资的竞争对手减少;另外,区域冲突也可能导致要放弃一部分本应继续被持有的项目机会。

我国石油公司在动荡变革期中,更应坚持稳字当头、稳中求进,把稳增长和高质量发展摆在更加突出的位置,切实发挥好国有企业在经济社会发展中"稳定器""压舱石"的作用,为稳住宏观经济大盘、促进经济长期可持续发展贡献力量。

三、海外油气业务高质量发展思路

在百年未有之大变局加速演进的背景下,我国石油公司需坚决贯彻国家能源领域重大部署,紧紧围绕国际化发展目标,坚守以加强海外风险防范、坚持安全发展、推动国际业务高质量发展为总体基调不动摇,同时结合海外发展战略与需求,强化海外业务低碳发展的顶层设计,建议从集约化提质、一体化协同、结构化减碳的三方面展开工作,切实推动我国石油公司在海外的低碳发展行稳致远。

（一）集约化提质：加强集中度和风控能力

诸多国际石油公司为了应对能源转型压力，在全球业务区域布局和资产类型选择上呈现出更加集约化的趋势。依托要素优势，聚焦重点区域，深耕核心资产，不断提升资产区域和类型分布的集中度。

无论是埃克森美孚、雪佛龙、壳牌收缩海外经营区域，大幅提高油气资产的区域集中度，实现核心区域发展优势、规模效益协同、税务协同的案例，还是碧辟在墨西哥湾事故后通过深耕核心技术领域，不断积累经验，剥离美国、埃及等边际、低回报、非核心的资产，扩大新兴区域的地位，重点发展深水、天然气价值链和大型油气田等有竞争优势的资产，不断巩固竞争优势的做法，我们从样本分析不难看出，资产组合的宽度和广度已不再是战略核心诉求，围绕资产组合平衡和规模的旧假设，例如全球化的资产分布、油气资源规模、资源多样化等表现，已被核心优势取代。

为适应百年未有之大变局，我国石油公司也应在一定地理和资源类型的范围内，通过提升技术、人力、管理等各类经营要素的含量、质量、集中度和灵活组合水平，聚合要素优势、节约生产经营综合成本，最终达到增进资产组合效益和管理效率的目的。

我国石油公司海外业务发展的集约化，应基于自身各项要素整体比较优势的判断，提升区域类型集中度，聚合要素优势降本增效，从"两集中"和"三约束"入手，一方面明确需要集中的方向、领域，另一方面提出应特别关注、审慎研判的约束条件、边界因素，从指引和约束两个端口实现同向引导，回答好"去"与"不去"的标准问题。

（1）"两集中"

一是区域布局集中，应选择地面风险较为可控的国家拓展布局，在布局地理区域选择上更加聚焦"一带一路"沿线油气资源核心战略区。关于区域发展的集中化，是新业务工作的重点，要用好国家倡议的政治优势，以及"一带一路"已建成的交流、沟通、合作机制平台与互利互惠政策，在中国"一带一路"沿线油气领域高质量合作基础上进一步拓宽加深，形成能源领域低碳协作发展的良好态势。

二是资源类型集中,应在资源类型选择上深度挖掘和释放我国石油公司几十年来在国际化发展中积累的传统海上优势,要充分发挥公司在技术管理能力方面的专长,结合海外各区域资源特点、现有布局,以及对未来发展空间的考量,聚焦业务类型,形成区域优势。具体在海外新业务并购、处置和勘探新项目获取和转让工作中,集约化要有更细化的分类指引。

勘探新项目,考虑向深水等前沿领域集中。全球六成以上的油气新增储量来自深海领域,其中巨型油气田储量占比高达 67.6%。近 20 年,全球深水领域共发现 92 个大型油气田,主要位于大西洋两岸、墨西哥湾、东非、东地中海、黑海等海域。巴西盐下、尼日利亚等深水油田,盈亏平衡油价低于 40 美元/桶,且勘探理论及难度与浅水陆上资源本质上有许多共通之处,为高质量、低成本优质资产。在"双碳"背景下,海外勘探应考虑将深水油气勘探打造成传统油气领域低碳发展的新引擎。

并购处置项目,应更加聚焦"一带一路"合作伙伴以及中亚及俄罗斯、中东、拉美和亚太核心资源国。在中亚及俄罗斯、亚太地区,应利用良好的双边关系与区域协同的便利,通过油气务实合作促进国家间深度交流,实现我国国际能源供给保障的空间网络和供给结构的双向升级;在中东,由于这里具有优越的自然资源和低廉的作业成本,应聚焦并购规模型资产,筑牢储量、产量压舱石,现金流稳定基本盘,主攻结构化降成本;在拉美,应继续布局世界级规模的深水油田,打造深水优势支点,效益增长新引擎,通过勘探并购联动,建立深水战略支点区。在欧美区域应结合外部发展环境综合考虑风险暴露。

通过并购、处置、勘探新项目获取与转让协同,立足优势区域,集中优势力量,充分发挥要素优势,精准发力,科学推动共建"一带一路"高质量发展,切实在"一区一策"下实现区域优势向效益优势的有机转变。

(2)"三约束"

除了"两集中"指明了要去的方向外,更要通过"三约束"明确不去的情景,设置动态边界约束条件,高效开展业务发展,切实强化业务发展质量把控。

第一,战略约束。我国石油公司海外业务发展应坚持高质量国际化发展战略,即并购处置项目重在优势聚焦、结构降本、低碳发展、风险可控;勘探新项目获取与转让,强调价值创造、技术引领、伙伴协同、组合平衡。在项目评价之初便需考量项目机会与公司发展战略的匹配度,不匹配的不予考虑。

第二,风险约束。在总部层面形成海外投资指引,对重点国家油气行业投资环境进行深入评估并形成参考报告,有效识别海外业务发展中存在的风险,并指导具体项目开展针对性投资风险评价和应对措施,保障海外业务发展风险管控的相关要求得到有效贯彻。

第三,成本约束。在绿色低碳发展条件下,更需要统筹考虑项目存续期间的综合成本。如果成本过高,从资产组合角度考虑不符合公司可持续发展的目标,这类项目不建议参与。

通过上述"两集中"和"三约束"的指引,从源头加强海外业务集约度,充分挖掘出要素优势与潜力,全盘考察项目的地缘政治、社会安全、财税合同条款、双碳要求等多重因素,优选目标从标准流程与工具方法上助力实现集约化要求落地,守住境外项目风险防控安全的底线。

(二)一体化协同:把控住产业链核心价值

在能源市场与需求深度变革的新时代,一体化的内涵应由原有的油气行业上下游一体化思路,进一步发展演变为以产业链、供应链为主体的链条式、网络式的立体一体化思维。我国石油公司海外业务应从立体一体化的视角对现有和未来新业务进行深入思考,优选产业链、供应链中能够创造核心价值、具有最大控制力和影响力的关键环节进行参与和着力拓展。

中国主要油气公司经过不断成长的发展,已经建成上下游一体化、产业链完整的国际化能源公司。公司一体化为上中下游协同出海奠定了坚实的基础。而随着新发展阶段加快构建新发展格局提出了新要求,海外业务一体化的内涵与外延也应顺应时代潮流而更加丰富、立体和包容,未来的海外业务发展也相应地需要进一步深化对一体化的认识,并优化工作思路。

传统的一体化更多是指通过油气勘探开发打开局面。因此,需要带领海油工程油田服务、基础基地服务等专业业务走出去,再将中游运输、下游炼化销售及终端用户关联起来,从而做到上、中、下游同向发力,只有这样才能形成油气、炼化互相带动发展的局面。在新形势下,无论从产业链所包含的价值链、企业链、供需链和空间链四个维度思考能源产品增值的过程,还是从供应链降低总生产成本、提高供应效率的实践,都应采用立体一体化的视角再次系统地审视原本离散的各个环节、各个业务主体以及各个项目资产,将其纳入链条化、网络化的维度中重新定位,择优参与和深入拓展。具体方式建议如下。

一是一体化模式构建产业链。

以 LNG 产业链为例,我国石油公司可充分参考卡塔尔 LNG 产业链一体化发展案例,发挥产业一体化优势,依托我国超大规模市场优势,以国内大循环吸引全球资源要素,以贸易与市场换取油气生产开发参与机会,上下游高效联动,以一体化模式增强项目可控程度与能源保供力度,增强国内和国际两个市场、两种资源的联动效应,提升投资与贸易合作的总体质量和水平,深度参与低碳转型情境下全球能源产业分工和合作,推进高水平对外开放。

卡塔尔是世界第四大天然气生产国,也是主要的 LNG 生产国。LNG 产业是卡塔尔的支柱产业,其天然气除了国内自用及通过管道向阿联酋等国输送销售以外,其余大部分被加工成 LNG 销售。该国现有 14 条 LNG 生产线,即 Qatargas(4 个项目、7 条线)、Rasgas(3 个项目、7 条线),生产能力 77 百万吨 / 年。卡塔尔天然气储量的 99% 集中在北方气田,规模巨大,其剩余可采储量达 24.9 万亿立方米。卡塔尔未来的 LNG 增产仍将高度依赖北方气田新开发的项目。目前有在建项目 2 个,分别是 NFE(北方气田扩产项目,含 4 条生产线,合计年产量 32 百万吨 / 年)和 NFS(北方气田南部项目,含 2 条生产线,合计年产量 16 百万吨 / 年)。

在 NFE 和 NFS 项目进程中,具备独立作业能力的卡塔尔能源开始以全产业链价值最大化模式分阶段、分批次地寻找大型一体化合作伙伴,以直接授予石油公司股权的方式吸引合作伙伴承接相应的 LNG 销量。卡塔尔能源首先拿出 NFE 项目 25% 的股权与 IOC 合作,分别授予埃克森美孚 6.25%、壳牌 6.25%、道达尔能源 6.25%、康菲 3.13%、埃尼 3.13%,以上这几个石油公司锁定了大部分产能的销路。此后,卡塔尔能源继续引入各国家石油公司作为市场战略合作伙伴,以直接授予 1.25% 的股权吸引各国家石油公司报价

LNG 购销协议的价格斜率。通过此举,从卡塔尔角度实现以油气股权分配引入有实力的合作伙伴,确保超大规模项目开发风险分担,又通过引入目标市场相关国家石油公司参与项目,利用国家石油公司一定程度上承担国家能源保供责任的特殊属性,从市场端提升项目确定性,保障天然气项目商业化路径能够落地,上下游互保互促,利益一体化绑定,大幅度提升核心资产运营效率与效益。

二是优选参与产业链供应链核心价值环节。

要通过细化拆分、系统思考,识别出链条中占据核心价值、影响力和控制力的关键环节和核心主体。一体化不应该是全环节、全链条不加选择地参与,而是应该集中力量把握关键问题,突破与绿色低碳发展主题最为相关的环节,提升公司对能源转型进程的把控力,争取走出一条符合新时代发展脉络的海外低碳发展一体化路径。

以壳牌的天然气一体化价值链为例,其在传统上下游一体化的基础上,将油气业务进行拆分,聚焦 LNG 业务链,包括 LNG 液化、装运贸易、再汽化、终端销售等;还将下游业务也进行了拆分,聚焦天然气化工业务链,内容包括天然气生产、运输和终端高附加值化工产品。

我国石油公司在拓展天然气产业价值链的过程中,也可借鉴一体化的发展思路,融合我国石油公司上下游一体化的成功经验,系统分析不同项目的价值链条,有选择地进入、有策略地采用不同方式进行参与。以天然气项目开发为例,就可以从提升对天然气处理设施的控制力入手,推动油气资源开发和项目整体商业化进程,确保低碳发展目标实现。再如在 LNG 产业链中,紧抓 LNG 销售与贸易这一关键的价值创造环节,由此作为切入点,打通局面,引领产业链一体化发展。

三是灵活转换产业链拓展顺序。

我国石油公司一体化低碳发展的思路还应体现在发挥创造力和灵活转换产业链拓展顺序上。原有的一体化拓展常常是通过油气合作项目带动工程服务公司走出去;在新时代背景下,我国石油行业专业工程服务公司经过历练,海外业务不断发展壮大,自身专业水平和行业口碑大大提升,也有能力和机会帮助获取油气项目,实现协同发展,相互支撑支持,实现真正意义上的集团公司整体业务的融合协同发展。

四是利用现有资产延伸价值链条。

现有资产已在资源国拥有一定的合作基础,且相比于全新项目来说,具备一定要素的积累优势,可以作为"革命据点"发挥更大价值。现有项目要紧盯眼前项目,但又不能仅仅盯着眼前项目,应该除了要做好项目生产运营工作之外,进一步拓展格局,拓宽思路,发挥好自身在一线信息获取、政府伙伴沟通、当地资源了解等方面的优势,跳脱出投资主体的单一视角,把自身放入公司整体的战略布局中思考,站在国家利益、公司利益最大化的角度,用全面和发展的眼光,以"点—线—面—立体"的思路,更为立体、全面、系统地找寻与评估现有资产"一体化"拓展的机会,以实现从单一资产运营到逐步形成和巩固区域要素优势的良性发展,为最终构建海外良好发展生态提供新思路、新举措。

现有项目运营分支应尝试发散立体的思维方式,认真思考所在国家、所在地区的短中长期发展问题,并与总部联动,及时反馈关键信息,提出相应的意见建议。此外,还要主动出击,争取油气项目向中下游、中游向产业链两端、下游向上中游、产供销一体化、油气资产与油田工程服务、各类项目向供应链层面等多角度、多方向延伸"一体化"价值链条的机会,深化拓展"一体化"合作空间。

五是协同新业务与油气业务。

从长远看,我国石油公司应注重培养上下游可与油气业务有所衔接联通的新产业链。比如,绿电业务链,内容包括可再生能源发电、分布式发电、储能、电力基础设施、终端销售及服务等。再以海上风电业务链为例,其关键与核心是输配电环节,最具盈利性的业务链为整装风机采购,因此可以考虑择机加大电力系统分布式供能的参与力度,降低新领域进入风险,提升项目可控性。此外,新能源业务分为交通领域新型燃料(生物燃料、氢能和充电业务),以及风能、太阳能等低碳能源。目前,诸多新能源产品类型贴近油气产品链,因此在培育成长阶段可依托油气产品销售渠道,从而提升公司多元发展的竞争力。

（三）结构化减碳：适应全球能源转型大势

低碳化发展战略已逐步成为国际石油公司的主流发展路线，且已取得一定的实施效果。但随着俄乌、中东等区域冲突的爆发，再次加深了各国对能源安全的担忧，油气供应短缺、价格上涨等问题重回焦点。尽管社会态度和有关政策上有一定的反复和动摇，但可以确定的是，绿色低碳发展的大方向和长远目标不会变，而现阶段需要做的是，从现有资产和新业务拓展两方面提前谋划，打造海外可持续、绿色低碳、抗风险的高质量资产组合。

（1）现有资产：优先满足合规要求，定制化措施提质增效

我国石油公司海外油气资产主要由作业者项目和非作业者项目两部分组成，考虑到非作业者项目管控难度和受作业者主导的不确定性，建议先从作业者资产入手，以满足当地政府合规要求，确保储量产量可控为核心，尝试针对资产特点和政策导向设计制定合适的提质、增效、降碳的举措。在实践相对成熟后，逐步向非作业者进行资产推广，尝试多角度协同作业者实现低碳发展。

（2）新业务：重点实现结构性减碳，进、退、协同三端同向发力

要确保低碳化发展战略得到长期有效的落实，不仅需要靠现有资产满足项目所在地的合规要求，降低排放、提升能效，还需要新业务通过进、退、协同三方面举措同向发力，重点以实现结构性改善海外资产组合的碳排放水平为目标，确保资产组合低碳转型升级工作有序推进。

一进，要积极获取优质低碳排放、低碳负油气资源。

在能源转型的背景下，我国石油公司应谋划海外持续发展，在坚持油气主业的前提下，以低碳发展为方向，需要积极并购低碳排、低碳负油气资产、深水及超深水大规模低碳油气资产，以及优质 LNG 资产，同时积极参与海外天然气勘探开发项目，密切跟踪中东、非洲等富气区相关机会，在油气主业项目获取的源头控制碳排强度与总量，稳健有序地推动绿色发展。

天然气因为具有清洁、低碳、稳定、灵活、经济的特征，在能源转型中担当重要的过渡能源角色，以确保能源供应继续以安全、可持续和可靠的方式满足需求。鉴于我国天然气利用与发达国家相比还具有明显差距，未来发展空间巨大。

我国石油公司应挖掘天然气全产业链价值,适当布局商业化确定性高的天然气项目,建立包括海外天然气勘探开发生产、管道运输和 LNG 开发的上中游一体化产业链,争取从源头夯实海外天然气进口资源基础。

二退,要果断处置高碳排、高碳负"长尾"资产。

根据麦肯锡对全球石油企业油气投资项目在不同碳价和大宗商品价格下的竞争力研究,在 2030 年无碳税的情况下,约 90% 的油气项目可在油价小于等于 60 美元/桶时盈利;但若碳价上升到 100 美元/吨,公司盈利比例将降至 80% 以下,体现了碳排强度对公司资产组合健康度有着重要影响。

在此背景下,除了获取新的资产补充优化组合外,我国石油公司还应秉持有进有退的原则,果断剥离处置高碳排、高碳负、高成本、处于生产后期、开发生产能耗高的碳密集型"长尾"资产,促进海外资产减排脱碳,综合优化油气资产组合的碳强度水平,提升公司经营韧性和资产组合抗风险能力。

在处置优化的同时,也要充分评估对公司储量、产量、现金流等方面不可避免的影响,及时通过加大优质油气资产获取力度或置换资产的方式加以补充。

三协同,以协同现有资产为主旨,严选区域与类型,积极评价并尝试布局新能源项目。

大力发展可再生能源已成为全球应对气候变化、推进能源转型的重要举措。我国石油公司海外业务发展首先应在坚持油气主业不动摇的基础上,充分从公司在国内开展新能源业务的相关实践探索中汲取经验教训,并结合海外现有资产总体布局,以协同现有资产满足所在国现有减排降碳相关管理要求和未来政策趋势为主旨,严选区域与类型,积极开展相关新能源项目的评价和布局尝试。

在区域方面,首先应积极响应国家推进共建"一带一路"绿色发展相关倡议,与"一带一路"的合作伙伴强化绿色发展相关交流沟通,互学互鉴,携手合作,以绿色发展理念为引领,注重经济社会发展与生态环境保护相协调,在国家统筹协调下积极参与绿色能源合作项目,将国内绿色低碳发展成功经验、"中国方案"推广到适用的国际合作中,积极打造"一带一路"绿色发展朋友圈。其次,建议从对项目把控度较强的作业者资产所在国家入手,根据现有资产的协同程度以及所在国监管力度,综合研判新能源项目为现有资产和区域整体布局带来的价值和新增风险,在积极参与新能源项目相关评价、加强对新能源板块商务模式探索及核心技术获取的基础上,考虑推进协同效应明显、整体战略和经济价值较大、新增风险可控、技术方案成熟、合作基础扎实的现有资产配套新能源项目,提升公司的社会影响力。

在类型方面,优选可延长拓展油气产业价值链,以及可与行业领先伙伴合作的新能源项目。但同时,也应注意需对项目可操作性与经济性等各种指标进行综合评判后,再审慎做出投资决策。

四、高质量发展相关保障措施

我国石油公司海外业务绿色低碳发展之路是统筹安全与发展,兼顾当前与长远的重大命题。面对漫漫长路上的各种困难和挑战,应始终坚定信念,以发展油气为立身之本,以集约化、一体化和低碳化为发展手段,持续优化全球能源资产组合,同时也要从形势研判、外部资源利用、专业领域领先企业合作以及能力人才储备这四个方面来采取有力措施,保障海外低碳发展要求落到实处,实现我国石油行业在海外业务的高质量发展。

(一)强化形势研判,持续跟踪低碳行业最新动态

我国石油公司海外业务发展应强化形势研判,找准能源保供和低碳转型之间的平衡,认清增储与降碳的协同发展趋势,这是我国石油公司海外高质量发展所面临的形势与大局。因此,应充分认识海外发展环境的复杂性和国际石油市场周期波动的严峻性,要密切关注各国低碳发展相关行业政策走势和市场趋势的变化,持续跟踪全球低碳发展热点地区碳交易市场的最新动态,全面分析全球净零战略的实施与落地情况,跟进补足相关背景与专业知识,因地制宜、因时制宜制定分级、分阶段减排目标与举措,确保在动态变化的外部环境中低碳发展顶层设计和策略路径能够满足最新政策要求和公司发展需求。

(二)借力专业机构,掌握转型发展商务技术关键

充分借助"外脑",依托专业机构、全球团队联合研究等方式,了解掌握低

碳行业的商务与技术发展趋势的关键点,积累必要的知识经验。在国内方面,需加强与各类研究院校及其他专业机构之间的合作;在海外方面,加强与国际绿色低碳相关知名咨询与研究机构的合作,借助全球专业团队多方获取信息,重点关注新能源与化石能源的有效衔接。

通过学习积累动态管理碳排放相关的政策、法规、定价机制、交易等数据信息,为项目运行过程的碳管理、经济性分析、新项目投资决策、数据管理分析、关键指标数据管理、项目减排潜力判断等提供一系列科学依据。

(三)深化国际合作,主动对接专业领域领先企业

我国石油公司坚持走深化国际合作之路,通过与资源国政府的沟通联系,了解相关油气资源国政策动态与趋势,为区域发展策略提供参考依据。通过与国际石油公司、新能源公司的合作、对标和学习,梳理形成更加明确和具有可操作性的我国石油公司海外业务降碳方案与举措,并通过有针对性地开展新能源项目评价,发掘新能源项目中的关键商务与技术评价指标和参数集,在项目评价工作中全面反映全周期综合成本,并最终建立符合我国石油公司海外发展需求和实际的新能源项目评价体系。

主动与国际或国内的新能源行业领先公司进行沟通和对接,寻求共同利益与合作契机,建立伙伴关系,积极推动油气—新能源合作落地;在海外,新能源业务发展一路实现强强联合、优势互补、风险共担,并尝试综合提升我国石油公司在新领域、新行业的知识技能,在合适的领域和项目中逐步从"跟着干"向"独立干"转变。

(四)聚焦能力建设,积极储备知识技能人才队伍

打造一支政治素质过硬、商务与技术能力突出的海外低碳业务发展人才队伍,将有力支撑我国石油公司海外高质量发展目标的实现。

首先,要坚定用好党建指挥棒,激活发展一盘棋。要坚持海外业务发展管控与创效并举,在汹涌的全球能源革命浪潮中,把稳"能源保供"的主帆,打准"绿色转型"的前帆,做实"海外高质量发展"的后帆,把战略的坚定性和策略的灵活性结合起来解决实际问题。

其次,要加强人才队伍建设,重点加大力度强化对各层级领导干部和员工低碳相关专业知识与能力的培训,为公司实现中国特色国际一流能源公司和节能降碳可持续发展目标储备技术人才和管理人才。鼓励员工在新领域、新区域施展拳脚,主动开展各类创新创效活动,提高业务水平,并尝试开拓性地建立适用于转型目标的管理方法与体系。

最后,要聚焦业务能力储备,在总结学习应用国内外转型发展经验的基础上,注重实践成效,边干边积累,边回顾边调整优化,边沉淀固化,形成一批可推广、可复制、可借鉴的实践成果,在海外绿色低碳高质量发展中走出适合我国石油公司的特色道路。

"天行健,君子以自强不息。"在习近平新时代中国特色社会主义思想的指引下,中国正以新发展理念引领能源革命,推动构建清洁、低碳、安全、高效的能源体系。本书的撰写正是为了响应国家最新政策要求,为实现中华民族伟大复兴的中国梦贡献智慧和力量。让我们携手共进,为构建人类命运共同体,为实现全球能源可持续发展和自身高质量发展目标而不懈努力!

参考文献

[1] 卢雪梅.道达尔公司发展战略浅析 [J].石油科技论坛,2014,33(5):62-68.

[2] 刘贵洲,窦立荣.道达尔 LNG 战略:驾驭高风险 [J].中国投资,2019(21):89-90.

[3] 兰雪梅.道达尔公司成为全球第二大液化天然气生产商 [J].天然气勘探与开发,2017,40(4):51.

[4] 柏林,徐锋.道达尔能源:走多元化的碳中和发展之路 [J].中国石化,2021(9):22-26.

[5] 徐忠华.应对气候变化挑战:道达尔的研发与创新 [J].石油科技论坛,2018,37(1):55-59.

[6] 戚永颖.国内外石油公司深度调整业务结构继续加快能源转型步伐 [J].国际石油经济,2022,30(1):35-37.

[7] BOOT-HANDFORD MATTHEW E, ABANADES J C. Carbon capture and storage update[J]. Energy and Environmental Science, 2014, 7(1):130-189.

[8] 于航,刘强,于广欣.欧洲油气公司 2050 年净零碳排放战略目标浅析 [J].国际石油经济,2020,28(10):31-36.

[9] MCCALLEY J, CASPARY J, CLACK C, et al. Wide-area planning of electric infrastructure:Assessing investment options for low-carbon futures[J]. IEEE Power and Energy, 2017, 15(6):83-93.

[10] DÍAZ A, GARCÍA-DONATO G, MORA-VALENCIA A. Quantifying risk in traditional energy and sustainable investments[J]. Sustainability, 2019, 11:720.

[11] KHAN M A, KHAN M Z, ALI A, et al. Risk Assessment Analysis of Hybrid Renewable Energy Systems in Remote Areas:Case Study of Domadgee, Australia[J]. Journal of Power, Energy, and Control, 2024, 1(1):36-47.

[12] LI Q M, WANG W H, LOU Y P, et al,. Diversification and corporate performance:Evidence from China's listed energy companies[J]. Sustainability,

2016,8(10):983.

[13] AKPAN J, OLANREWAJU O. Sustainable energy development:History and recent advances[J]. Energies, 2023, 16:7049.

[14] 中国石油大庆油田国际勘探开发公司. 美国石油公司上游及低碳新能源业务战略分析——以埃克森美孚和雪佛龙公司为例 [J]. 国际石油经济, 2024

[15] 江政益,朱英. 依靠"基本盘"挺过"至暗时刻"——埃克森美孚保守主义特色的转型之路 [J]. 当代石油石化, 2021,29(5):42-46.

[16] 张皓洁. 埃克森美孚公司发展战略及经营动向研究 [J]. 当代石油石化, 2019,27(8):49-52.

[17] 时光. 老巨头改弦易辙:埃克森美孚艰难转型 [J]. 中国石油企业, 2022(9):120-122.

[18] 陈瑜. 老牌巨头:从傲慢固守到卑微求变 [J]. 中国石油企业,2022(1):44.

[19] 陈卫东. 欧洲多家石油公司提出"净零"碳排放目标全球能源转型进入量变到质变拐点 [J]. 国际石油经济,2021,29(1):45-47.

[20] 胡文娟. 国际石油公司低碳转型探索与实践 [J]. 可持续发展经济导刊, 2021(3):24-26.

[21] MCCOY M. ExxonMobil invests in fuel-cell carbon capture[J]. Focus on Catalysts, 2019(5):3.

[22] MCCOY M. Oil companies invest in carbon capture[J]. C&EN Global Enterprise, 2019,97(22):12.

[23] MOHAMMAD M, ISAIFAN R, SAMARA A. Progress on carbon dioxide capture, storage and utilisation[J]. International Journal of Global Warming, 2020,20(2):1211-144.

[24] 王陆新,王叙斐,王永臻. 美国 2050 年实现净零排放的气候战略及启示 [J]. 中国能源,2022,44(2):67-72.

[25] ALAGOZ EKREM, ALGHAWI YASER. The energy transition:Navigating the shift towards renewables in the oil and gas industry[J]. Journal of Energy and Natural Resources, 2023,12(2):21-24.

[26] 刘小兵,窦立荣.国际大油公司深水油气勘探实践及启示——以圭亚那斯塔布鲁克区块为例 [J].中国石油勘探,2023,28(3):78-89.

[27] 施靖.《海洋工程今日要闻》埃克森美孚将大幅提高资本支出 2019 年 3 月 6 日刊 [J].中国石油石化,2019(7):9.

[28] 刘知鑫,郭晓霞.圭亚那等海域获得重大发现深水持续成为投资开发热点 [J].国际石油经济,2019,27(1):11-12.

[29] 周静.埃克森美孚和雪佛龙并购独立石油公司的交易分析与启示 [J].天然气与石油,2024,42(2):117-124.

[30] 林蔚仁.艾克森美孚:石油六世帝国 [J].中国工业评论,2016(9):92-99.

[31] 穆明威.埃克森美孚:屹立不倒的神话 [J].国企管理,2016(12):82-85.

[32] 张皓洁.埃克森美孚公司发展战略及经营动向研究 [J].当代石油石化,2019,27(8):49-52.

[33] PRATT JOSEPH A. Exxon and the control of oil[J]. Journal of American History,2012,99(1):145-154.

[34] 任声策.美孚五年标杆管理 [J].中外管理,2003(5):47.

[35] 冯跃威.埃克森美孚的美国国家利益之路 [J].能源,2017(1):82-87.

[36] 窦立荣.埃克森美孚公司大举进入巴西深水领域 [J].世界石油工业,2019,26(3):71-73.

[37] 江政益,朱英.依靠"基本盘"挺过"至暗时刻"——埃克森美孚保守主义特色的转型之路 [J].当代石油石化,2021,29(5):42-46.

[38] 埃克森美孚出席"碳达峰、碳中和路径研讨会",以全面绿色润滑解决方案赋能能源行业"双碳"目标进程 [J].润滑与密封,2022,47(2):14.

[39] 程薇.埃克森美孚公司发布 2018 版能源展望 [J].石油炼制与化工,2018(5):21.

[40] WANG Z. Strategic insights into the global energy landscape. highlights in business,economics and Management,24,783-790.

[41] 侯明扬.埃克森美孚收购先锋资源公司的动因、影响、风险及启示 [J].国际石油经济,2023,31(10):15-20,41.

[42] MALAKOFF DAVID. 25 years after the Exxon Valdez, where are the

herring?[J].Science,2014,343:1416-1416.

[43] HALL S C, CARSTENSON L, STAMMERJOHAN W W. The case of the Exxon Valdez: Reporting contingent liabilities for potential damage awards[J]. The Accounting Educators' Journal,2014,23:1-22.

[44] JASIMUDDIN S M, MANIRUZZAMAN M. Resource nationalism specter hovers over the oil industry: The transnational corporate strategy to tackle resource nationalism risks[J]. Journal of Applied Business Research,2016, 32(2):387-400.

[45] 胡梦怡.战略转折之年的壳牌 [J].国际石油经济,2015,23(7):27-31.

[46] 王卫.百年壳牌的"成功地图" [J].中国石油石化,2012(22):85-85.

[47] 田野.壳牌:品牌价值在速度与激情中燃烧 [J].中国石油企业,2019(10): 95-97.

[48] 罗佐县,梁慧.BP 和壳牌发展战略比较分析 [J].当代石油石化,2013, 21(11):40-46.

[49] 王莹,张柯.荷兰皇家壳牌公司的国际销售策略分析 [J].经济研究导刊, 2021(2):93-97.

[50] 蔡少珺.壳牌管理探秘——读《亲历壳牌:企业帝国的经营细节》[J].中国石化,2018(4):49-51.

[51] 许萍.壳牌公司天然气业务发展战略及启示 [J].国际石油经济,2018, 26(5):73-78.

[52] 周佩庆,林益楷.壳牌"赋能进步"转型战略分析及其启示 [J].国际石油经济,2021,29(4):67-73.

[53] 闫青华,高博禹,何春百,等.壳牌能源转型战略的进程与启示 [J].中国石油和化工标准与质量,2022,42(4):62-64.

[54] 曹勇.壳牌公司低碳能源转型战略解读 [J].石油石化绿色低碳,2018, 3(4):1-7,20.

[55] 徐东.壳牌为何让天然气与新能源解绑 [J].中国石油石化,2023(5):38.

[56] 张皓洁.壳牌公司发展战略及经营趋势研究 [J].当代石油石化,2020, 28(3):51-54.

[57] SZYMCZAK PAT DAVIS. Alaska's north slope may yet see its renaissance in arctic exploration[J]. J. Pet. Technol., 2021, 73: 17-22.

[58] 郭鹏, 栾海亮. 壳牌非常规油砂资产布局研究及经验借鉴 [J]. 国际经济合作, 2015(1): 78-80.

[59] QUN L. A summary of achievements of and enlightenment from natural gas development for the PetroChina since getting listed in the overseas market[J]. Natural Gas Industry, 2009, 29(9): 1-4.

[60] VALLE DANIEL. Lessons learned from BP: Deepwater horizon and the transition to renewables[J]. Journal of Global Awareness, 2021, 2(2): 7.

[61] HARTMANN J, INKPEN A, RAMASWAMY K. The oil and gas industry: Finding the right stance in the energy transition sweepstakes[J]. Journal of Business Strategy, 2021, 43(1): 17-27.

[62] PRASETYO B, PUTRO U S. Strategic analysis of international oil and gas companies' response to global carbon emission reduction initiatives[J]. Applied Quantitative Analysis, 2024, 4(1): 54-68.

[63] CUCOVIĆ A, KRASNIQI A. Strategies of regional power companies in the transformation towards green megawatts and overcoming the energy crisis in modern conditions[J]. Knowledge-International Journal, 2023, 58(1): 135-140.

[64] LUCK FRANCIS. An overview of total's activities on alternative energies, advanced biofuels and bioproducts for energy efficiency and environmental acceptability[J]. Green Processing and Synthesis, 2012, 1(5): 409-416.

[65] 李春梅. BP 世界能源展望(2018 年版)发布 [J]. 中国能源, 2018(4): 47.

[66] 熊靓, 闫伟, 邰峰, 等. BP 公司低碳发展历程与碳中和路径分析 [J]. 国际石油经济, 2022, 30(10): 48-56.

[67] 司进, 张运东, 刘朝辉, 等. BP 公司战略与组织变革及其启示 [J]. 国际石油经济, 2021, 29(9): 1-7.

[68] 魏宇曦. BP 上游及低碳新能源业务战略分析 [J]. 国际石油经济, 2024, 32(6): 32-42.

[69] 贾京坤,朱英,林毅,等.内忧外患促使 BP 公司加速能源转型 [J].当代石油石化,2020,28(12):4-9,20.

[70] 代双杰,施晓康,梁政伟.BP:全方位拓展低碳能源业务 [J].中国石化,2021(9):14-17.

[71] BREEZE P. BP goes for an alternative strategy[J]. Modern Power Systems, 2006,26(8):17-19.

[72] TOBIN DAMIAN. Captive markets and climate change:Revisiting Edith Penrose's analysis of the international oil firms in the era of climate change[J]. International Review of Applied Economics,2024,38(1-2):104-128.

[73] GHOSH DEVLEENA, BRYANT GARETH, PILLAI PRIYA. Who wins and who loses from renewable energy transition? Large-scale solar, land, and livelihood in Karnataka, India[J]. Globalizations,2023,20(8):1328-1343.

[74] BABIC MILAN, SHARMA SARAH E. Mobilising critical international political economy for the age of climate breakdown[J]. New Political Economy, 2023,28(5):758-779.

[75] MAECHLER SYLVAIN. Accounting for whom? The financialisation of the environmental economic transition[J]. New Political Economy,2023,28(3):416-432.

[76] HASSAN AMINU. Does clean energy financial market reflect carbon transition risks? Evidence from the NASDAQ clean energy stock volatility[J]. Journal of Sustainable Finance & Investment,2022,11:1-19.

[77] PIERRE J F, MATTHEW B. Geopolitics and energy transition 2:From One continent to another, contrasting situations[M]. Hoboken:John Wiley & Sons, Inc.,2024.

[78] DOĞAN B, CHU K L, KHALFAOUI R, et al. Strategy towards sustainable energy transition:The effect of policy uncertainty, environmental technology and natural resources rent in the OECD nations[J].Resources Policy,2024,98:105333.

[79] SHERAZ M, SINHA A, QIN Q, et al. The asymmetric nexus between energy

transition and its drivers: New evidence from China[J].Energy, 2024, 310: 133236.

[80] DAVID S. Climate of contempt: How to rescue the U.S. energy transition from voter partisanship[M]. New York: Columbia University Press, 2024.

[81] JIA H, WU Y. Retraction note: Sustainable energy utility investment role in energy transformation progress: Case of Mongolia[J].Economic Change and Restructuring, 2024, 57(6):220.

[82] CAO J, WU H, ZOU Y. Retraction note: Advancing sustainable development: the impact of energy transition on accelerating technological progress[J]. Economic Change and Restructuring, 2024, 57(6):217.

[83] CHENG L. Retraction note: energy transition and the role of circular supply chains: toward resource efficiency and sustainable economic practices[J]. Economic Change and Restructuring, 2024, 57(6):213.

[84] TAN X. Retraction note: Bridging fiscal decentralization and circular economy for sustainable energy transition: an examination of BRICS economies in highly decentralized settings[J].Economic Change and Restructuring, 2024, 57(6): 212.

[85] Black & Veatch Addresses Southeast Asia's Growing Energy Transition Complexities at Enlit Asia 2024[J].M2 Presswire, 2024,

[86] ZHANG X. Retraction note: Long-term goal: the role of economic transformation and reorganization in the energy transition[J].Economic Change and Restructuring, 2024, 57(6):210.

[87] LYU A, LI J. Retraction note: Urban-rural income gap and economic sustainability: how does energy transition matters?[J].Economic Change and Restructuring, 2024, 57(6):206.

[88] ACREP Chief Executive Officer (CEO) Discusses Angola's Onshore Prospects and Energy Transition Plans Ahead of African Energy Week (AEW) 2024[J].M2 Presswire, 2024,

[89] Energy transition and fuel imports likely to result in more European refinery

closures[J].Oil and Energy Trends,2024,49（7-8）:15-16.

[90] SONG L, JIN C. Retraction note: Tailoring social welfare and energy transition for an aging population[J]. Economic Change and Restructuring,2024,57（6）: 205.

[91] 吴潇,杨艳,杨虹,等.国际石油公司应对转型的创新管理和组织变革分析与启示 [J].国际石油经济,2024,32（S1）:35-41.

[92] 夏初阳,余岭,李苏晓,等.调整重塑中的国际石油公司——2023 年五大国际石油公司经营战略动向分析 [J].国际石油经济,2024,32（S1）:42-49.

[93] 赵清民."双碳"目标下我国油气田绿色低碳发展路径研究 [J].中外能源,2024,29（10）:1-5.

[94] 高屾.动能澎湃绿色能源阔步向前 [N].中国石油报,2024-07-02（003）.

[95] 陈慕然.中国石油发布 2023 年度社会责任报告 [J].中国石油企业,2024,（6）:18-22.

[96] 李本杰,郑华林,李炳林.双碳背景下"油气装备绿色再制造技术"课程建设探索 [J].教育教学论坛,2024（21）:1-4.

[97] 朱怡."双碳"目标下中国能源政策演进特征及实现路径研究 [D].南昌大学,2024.

[98] 李小松.擦亮能源合作的绿色底色 [N].中国石油报,2024-04-30（005）.

[99] WU B. Low-carbon development mechanism of energy industry from the perspective of carbon neutralization[J]. Energy & Environment,2024,35（2）: 628-643.

[100] WENJING R. Practical experience of low-carbon development evaluation and low-carbon transformation of international energy enterprises[J].E3S Web of Conferences,2024,573:01002.

[101] 李亚伟,董怀荣.油气钻井行业绿色低碳发展路径探析 [J].中外能源,2023,28（S1）:1-4.

[102] JIANQUAN G, YUJIA F. Assessing the nexus between green investment and low-carbon development of the transportation industry: does industrial structure

and renewable energy matter?[J].Environmental Science and Pollution Research International,2023,30(55):117785-117803.

[103] 王建良,彭婧,陈珊,等.国际石油公司应对气候变化评价指数研究[J].石油科学通报,2023,8(5):682-694.

[104] 李阳,赵清民,薛兆杰.新一代油气开发技术体系构建与创新实践[J].中国石油大学学报(自然科学版),2023,47(5):45-54.

[105] 夏初阳,李苏晓,余岭,等.在能源安全与低碳转型中寻求平衡发展——2022年国际大石油公司经营和战略动向分析与启示[J].国际石油经济,2023,31(6):14-20.

[106] 王陆新,杨丽丽,王永臻.新时代我国油气行业绿色低碳发展战略与路径探析[J].石油科技论坛,2023,42(2):67-74.

[107] 赵惠根.大型国际石油公司低碳竞争力评价[D].北京:中国石油大学(北京),2023.

[108] 梅玉坤,彭军霞,高智伟."双碳"背景下的数字能效发展研究[J].能源与节能,2023(4):64-66.

[109] EGOROV V V. Renewable energy trends within the concept of low-carbon development[J].Applied Solar Energy,2023,58(4):594-599.

[110] WENLONG W. Green energy and resources:Advancing green and low-carbon development[J].Green Energy and Resources,2023,1(1):100001.

[111] 王曦,张兴阳,邓希,等.国际石油公司低碳和新能源业务布局与启示[J].中国石油勘探,2022,27(6):88-97.

[112] 王子健,郜峰,何旭鹍,等.低碳背景下国际石油公司组织架构调整及启示[J].石油科技论坛,2022,41(5):33-40.

[113] JING Z, JING L. Research on the paths of digital economy to promote the low-carbon development of China's energy industry[J].Current Journal of Applied Science and Technology,2022:1-8.

[114] 杨毅."三桶油"加速绿色低碳转型[N].金融时报,2022-08-31(007).

[115] 聂向锋."双碳"目标下全球石油石化企业低碳转型战略与实践[J].当代石油石化,2022,30(8):6-10.

[116] MALAKHOV V A, NESYTYKH K V. Russia's long-term macroeconomic losses and benefits from the low-carbon development of the world and domestic energy industry[J].Studies on Russian Economic Development,2022,33(4): 392-401.

[117] 贾京坤,朱英.气候诉讼、董事"政变",石油公司低碳转型再提速 [J].石油石化绿色低碳,2022,7(2):17-21.

[118] 戴冠.中国油企低碳转型面临的金融挑战及应对策略 [J].中国石油企业,2022(Z1):95-101.

[119] 马新华,张国生,唐红君,等.天然气在构建清洁低碳能源体系中的地位与作用 [J].石油科技论坛,2022,41(1):18-28.

[120] 王同良,徐鹏,郝宏娜.数字化技术助力油气企业低碳发展的实践与思考 [J].石油科技论坛,2022,41(1):87-91.

[121] 戴厚良.推动绿色低碳发展增强能源安全保障能力 [J].北京石油管理干部学院学报,2022,29(1):10-13.

[122] BOQIANG L, ZHENG L. Towards world's low carbon development:The role of clean energy[J].Applied Energy,2022,307

[123] 戴厚良.推动绿色低碳发展增强能源安全保障能力 [J].中国石油企业,2021(11):14-17.

[124] MACIEJ D, JADWIGA G, ARKADIUSZ P, et al. The analysis of the innovative potential of the energy sector and low-carbon development:A case study for Poland[J]. Energy Strategy Reviews,2021,38:100706.

[125] 薛明,卢明霞,张晓飞,等.碳达峰、碳中和目标下油气行业绿色低碳发展建议 [J].环境保护,2021,49(Z2):30-32.

[126] 王天娇.国际石油公司加强低碳转型探索 [J].中国石化,2021(9):9-13.

[127] 贾京坤,朱英,邓程程,等.欧美石油巨头战略调整加速,低碳发展殊途同归 [J].石油石化绿色低碳,2021,6(3):1-6,29.

[128] 陆晓如.绿化石油之路——专访中国工程院院士李阳 [J].中国石油石化,2020(6):12-15.

[129] WANG C, ENGELS A, WANG Z. Overview of research on China's transition

to low-carbon development: The role of cities, technologies, industries and the energy system[J]. Renewable and Sustainable Energy Reviews, 2018, 81: 1350-1365.